父母不焦虑，孩子懂规矩

陆昕慈 ◎ 著　吴怡贤◎编审

中国友谊出版公司

图书在版编目（CIP）数据

父母不焦虑，孩子懂规矩 / 陆昕慈著；吴怡贤编审
. — 北京：中国友谊出版公司，2019.3

ISBN 978-7-5057-4572-8

Ⅰ.①父… Ⅱ.①陆… ②吴… Ⅲ.①家庭教育－通
俗读物 Ⅳ.① G78-49

中国版本图书馆 CIP 数据核字 (2018) 第 288529 号

著作权合同登记号　图字：01-2018-8734

本书由凯信企业管理顾问有限公司授权，经由凯琳版权代理。

书名	父母不焦虑，孩子懂规矩
作者	陆昕慈
编审	吴怡贤
出版	中国友谊出版公司
发行	中国友谊出版公司
经销	新华书店
印刷	河北鹏润印刷有限公司
规格	710×1000 毫米　16 开
	14 印张　167 千字
版次	2019 年 3 月第 1 版
印次	2019 年 3 月第 1 次印刷
书号	ISBN 978-7-5057-4572-8
定价	45.00 元
地址	北京市朝阳区西坝河南里 17 号楼
邮编	100028
电话	(010) 64678009

孩子，是上天赐予的宝贝，每个小生命来到这个世界，都是大大的奇迹。

然而对于新手爸妈而言，迎接新生命的喜悦，同时也代表着将迎接与过往截然不同的"新生活"。在与孩子相伴成长的路上，惊喜处处，却也问题重重……

新生儿像小宠物一样，行为模式简单。玩累了睡，睡醒了吃，吃饱了笑，笑累了哭……在这段父母与孩子互相认识、互相适应的时期，父母的抚育大多依靠猜测：

涨红脸是在大便吗？

挥舞双手是想找人一起玩吗？

刚换完尿布又哭是因为肚子痛吗？

父母会有各式各样的担忧及臆测。

在这个阶段，我们并不会对孩子的行为寄予过多的期待或要求。但随着孩子慢慢长大，可爱的"小野兽"开始学习融入这个缤纷世界，成为懂事的小小人，亲子间的互动变得更丰富有趣，喜怒哀乐也有了更立体的表现；孩子透过自己的意念传达出来的童言童语常能逗得大人哈哈大笑，但孩子的行为却也开始出现自己的坚持，此时，亲子相处的教养问题就会渐渐浮上台面。

传统的教养方式中，"守规矩""有礼貌"，才是家长心目中的好宝宝。当孩子"没规矩""不服从"时，大人的第一个反应是："你为什么不听我的话？"

殊不知，孩子小小的心灵可能也正想着："爸！妈！你们为什么不听我的话？"

我们家两个相差一岁的小宝贝，很多时候总是联手起来挑战我的耐性。虽然睡着、笑着的时候像天使一样可爱，但是哭着、吵闹着的时候却让我有落入阿鼻地狱的错觉。尤其是两人一起哭一起闹时，我总有个冲动想去骂爸爸……（咦？）

时光飞逝，十个年头过去，我经历了大大小小各种挑战，慢慢发现，孩子们虽然有各自不同的个性，但是，会让家长一秒到燃点的"焦虑模式"倒是有异曲同工之妙。经过这些年的带娃，我也慢慢找出在焦虑时可以压抑怒火、与孩子解决问题、和平相处的方法。

你体验过哪些令人焦虑的时刻呢？

这时，该怎么做比较好？

就让我来分享这些恼人的状况吧！原来大家都是这样陪孩子长大的……

会心一笑，换个心情之后，你会发现，当个优雅的妈妈也许并不难；而"焦虑时刻"，更可以转化为亲子间的美好时光！

表面上　实际上

妈妈

Lita

Lina

爸爸

目 录
CONTENTS

Part 1

焦虑篇

Chapter 1 "NONONO 系列"
孩子什么事都说不！该怎么办？

听到哪个字，家长最容易一秒抓狂？

什么事都说 不！

小陆妈妈的烦恼

孩子从婴儿时期慢慢长大，当开始迈步探索世界、掌控自己的肢体、牙牙学语说出朦胧的字词时，就代表着他们已经开始发展成独立自主的个体。

这个阶段，家长常会为孩子讨人怜爱的童言童语而激动、感动不已，却又开始不习惯小家伙试着掌控生活的行为。而当孩子慢慢脱离婴幼儿，迈入儿童期，更容易对以前习以为常的动作出现拒绝的反应。

为什么什么事都要说NO？

为什么这么简单的事也要说NO？

为什么这么天经地义应该完成的事也要说NO？

孩儿呀！又不是求婚，点头说YES有这么难吗？

当孩子开始说"NO"的时候，家长该怎么办？

一、不肯吃饭

孩子不吃饭，绝对是卡住父母喉咙的一根大刺！

好不容易为孩子做了满满爱意的料理，最后全部进到妈妈肚里，真是肥了身、伤了心啊！

心肝宝贝不吃饭怎么办？

20 分钟后……

小陆妈妈甘苦谈

我们家的姐姐从小对于所有的食物都很有兴趣，但妹妹却痛恨所有的健康食材，只喜欢巧克力、饼干、糖果等垃圾食物……

妹妹的"拒绝进食史"可以从婴儿时代说起。

在很久很久以前，妹妹的母奶配方奶转换期，就拒喝各种品牌的配方奶。没错，婴儿拒喝配方奶就等于绝食！而且她真的很耐饿，不喝就是不喝，饿了将近一星期才慢慢改善，看到孩子肥肥的小身躯瞬间消瘦，妈妈的心脏真的要很强壮才能支撑。

长大后，妹妹每次在吃饭时就会露出"天啊！为什么我还活着？"这种绝望的表情，在地板上演滚动哭闹的苦情戏码，我们各种威逼利诱，她依然故我。这种状况持续了几年（天啊！不堪回首……），大约在妹妹 4 岁时，我决定——不吃就不吃吧！

再怎么挑食，你还是会肚子饿，还是会需要进食吧？老娘我跟你拼了！

于是，刚开始前几餐，妹妹很高兴可以不吃，在吃饭时间一反常态快乐地唱歌，反而是姐姐觉得不公平，也跟着不想吃饭。但接下来，妹妹终于感受到饥饿的威力，狠狠地让她饿几次之后，终于肯乖乖地在饭桌上吃完自己碗里的食物。

当然，其实我也退让一步，调整了她食物的总量，让她碗里的饭少一点，菜、肉分量不变，可以较为轻松地吃完，却仍均衡摄取蛋白质、纤维质，饭后吃块饼干或小点心补充淀粉量。

现在，姐妹们都很习惯我们家的"用餐规矩"，说什么都一定会吃完碗里的食物，因为这样才可以快乐地享受零食呀！

妈妈宝贝小剧场

★不饿，就别吃了

少吃一餐的孩子，真的不会饿死，爸妈不需要为了强迫孩子吃饭而怒火中烧。孩子不吃，也许是因为真的还不饿，也许是家长准备的分量超出他的负荷，也许是因为有更好玩的事物分心而不想吃饭，也许是想吃其他更有味道的零食。

无论是什么原因，请记得告诉自己：

"不要在吃东西这件事上，给孩子、给自己太多压力。"

"孩子不吃饭，是他的选择，而不是家长的错。让他自己为选择负责任。"

太多案例证明"恐吓""威逼"孩子吃饭，只会给孩子压力，让他排拒与家人共同用餐的时光。

那难道就放任孩子为所欲为，不吃正餐，然后乱吃其他东西？当然不！

"订立原则，温柔约定，严格执行，正向鼓励"是建立用餐好习惯的重要方法。

妈妈：吃完饭，可以吃一颗果冻来当零食。

宝贝：我不饿，我只要吃果冻！

妈妈：吃完正餐才可以吃零食！

不吃正餐没关系，但是到下一餐之间绝对不可以吃零食！

没吃正餐就不能吃零食的规矩，因为很重要，所以说三次。请爸妈一定要坚守，不要因为孩子泪眼婆娑地喊饿就心软。

（温柔引导，夹一块给孩子试吃。）

宝贝：我不要，我只想吃果冻，不想吃饭。

妈妈：吃完正餐才可以轮到零食，刚刚妈妈也提醒过，没吃完碗里的食物，等一下饿了也不可以吃零食，我们约定过了。

宝贝：可是，我不想吃饭。

（若好言相劝无效，暂且先不要管孩子，家长专心吃饭。）

★过段时间孩子转念了

宝贝：妈妈，我肚子饿了！

（请给予正向鼓励，不要讽刺孩子刚刚拒绝用餐的行为。）

妈妈：对不起，让你这么饿，可是，约定过的事，我们一定要彼此遵守。放心，下一餐你吃完饭菜，就可以立刻吃零食了。

（让孩子得到成就感，并请谨守规矩，正餐结束后，给予约定的零食。）

温柔地安慰，坚定地执行，也许会有阵痛期，但规矩建立后，家长与孩子才能拥有舒适的用餐时光。孩子不吃就算了，别为此大发脾气。等到他真的很饿，才会知道食物的美味，享受美食是一件非常幸福的事，要够饿才能体会！

举手发问 Q 与 A：

Q：排食怎么办

A：想想自己，是不是从小也每一样食物都吃呢？孩子需要时间适应食物，没有哪一种食物是不吃就会生病的，所以不需要逼迫。只要营养能均衡摄取就可以，多尝试不同的蔬菜、水果、奶蛋豆鱼肉类，从中找到孩子喜欢的味道。

Q：要怎么引发孩子对食物的兴趣

A：不用吃多，只要吃巧，现代人营养充足，其实不需要逼迫孩子吃下大量的淀粉类，如饭、面，重要的是均衡摄取营养素，也许可以试试更可爱的摆盘？在孩子小小的碗里摆好适量而均衡的食物，让用餐时间也能有色、香、味俱全的美感。

听听专家怎么说

根据中国台湾儿科医学会的网站内容，参考本尼·柯兹纳医生（Dr. Benny Kerzner）及艾琳·查多尔医生（Dr. Irene Chatoor）的分类基准与临床经验，常见幼儿喂食困难问题可分为"感官选择性挑食""父母过度担心""胃口有限""畏惧进食""具有潜在疾病"和"被忽视"六大类。由于每个孩童的气质个性与过往经验皆不同，治疗时应考量喂食困难问题的成因、现实状况以及父母与孩子的个别需求。

★几项父母应了解的基本喂食原则如下

- 制定好用餐规则；父母可以决定用餐的时间地点与该吃什么，但由孩子自己决定要吃多少。

- 用餐时应避免嘈杂或容易分心的环境，让孩子能专心吃饭。

- 善用方法促进孩子食欲；餐与餐之间应有 3 至 4 个小时的间隔，且不要提供营养成分不佳的零食。

- 保持中立态度；不要用过度夸张的举动来促进喂食，也不要流露出不悦的情绪。

- 给予合理的用餐时间；可配合家庭用餐时间。

- 给予适龄的食物，采用小分量且小孩有办法咀嚼的食物。

- 尊重孩子对新食物的抗拒，有系统地让孩子尝试新食物。

- 鼓励孩子自行吃饭，给予孩子个人专属的餐具。

- 容忍孩子在这个年龄阶段可能因不熟练而吃得乱七八糟的情况。

吃饭很重要，但是孩子真的不想吃饭时，也请父母放宽心，坦然对待，给他时间与空间，祝福大家赶快与孩子一起找到品尝美食的趣味！

二、不收玩具

你有孩子不收玩具的困扰吗?

"叫孩子收玩具,叫了老半天还是拖拖拉拉,不如我自己收比较快!"

"孩子收拾的速度太慢,收完还是乱乱的,我自己来比较整齐!"

如果有这些想法,那么,孩子不收玩具,只能怪自己了!那到底该怎么做呢?

小陆妈妈甘苦谈

习惯需要慢慢养成，更需要家长耐心、温柔的陪伴与教育。引导、信任、放手让孩子做，可别让自己成为孩子不肯负责的推手！

每当朋友来家里玩，大人们聊得开心，一回头，却看到孩子们把全家的玩具通通倒出来，整个地板已被玩具堆满……此时此刻，我总会有种血压上升的晕眩，通常我都会用冷酷的音调询问女儿：

"为什么没有玩完一样，收好，再玩下一样？"

然后我女儿就会迅速地开始收玩具，因为她们知道，不收的下场，很可怕……

会被责骂？被处罚？

当然不，要孩子收玩具，其实非常简单。此时，总是像一层薄雾飘移在家中，没什么存在感的老爸，终于可以登场了！

玩具杀手小陆爸爸有个特别的兴趣，就是激怒女儿，通常小陆妈妈会捍卫女儿的权益，但是当女儿不收玩具时，小陆爸爸终于可以名正言顺、洋洋得意地把玩具全部丢进垃圾袋里，抛下一句："不收，就捐给有需要的人。"然后不理会女儿惊慌失措、花容失色的大哭，扬长而去。

以上可能是小陆爸爸在家里最有地位的时候，可惜很久没有这样的机会了……因为，在这种恐怖的压力下，女儿们早就不需要提醒，就能迅速把玩具收拾好！

★真的把玩具丢掉吗

当然是真的！说出来的话一定要做到，不然就是说谎！不过，其实我也是会看玩具的状况，比方说像乐高、益智积木这类比较珍贵的玩具，在爸爸出手前，妈妈会跳出来挽救一下，先假装好人，拜托爸爸再给她们一次机会。然后赶快劝导女儿："你们快收好吧，这么好玩的玩具一定要在爸爸丢掉前收好！"

但是，看见地板上乱放的是我们一直想丢的玩具，例如打弹珠换来的水果切切乐、永远丢不完的过家家的餐具餐盘，我就会戏剧性地叹息道："唉！没收玩具的下场，你们知道吧！下次别再犯了！"趁机请爸爸把玩具处理掉。一唱一和久了，孩子们其实知道我们的伎俩，但仍主动配合，亲子都不需要为收玩具这件事产生负面的摩擦。

我们以前拍过好几段影片记录 3 岁姐姐努力收玩具，2 岁妹妹在背后努力把玩具倒出来，这类令人啼笑皆非的画面。到底不同年龄层，该用什么方式引导孩子收玩具呢？

妈妈宝贝小剧场

★什么都不懂的可怕2岁幼儿啊

通常1到2岁这个阶段的幼儿根本无法明白什么是"收玩具",更遑论要诱导了,所以这时候父母可以做的事情是要引导孩子把丢满地的玩具,放进某一个集中的区域里。

妈妈:宝贝,我们来玩"玩具丢丢乐",把这些地上的玩具丢进收纳箱好吗?

宝贝:(开心)好!

妈妈:(继续引导)那我们把积木丢到蓝色的箱子、娃娃丢进粉红色箱子,你会吗?积木配蓝色、娃娃配粉红色?

宝贝:(有兴趣)我会!

用指令来引导他们,一边收玩具一边游戏学习,同时也能建立宝贝们的逻辑组织能力。

★开始有主见,连猫狗都嫌的3到4岁孩子,学习是关键

3岁以上的小孩,已有足够的能力表达想法,自我主张也特别多,常常会用"不要"来回应父母的要求。当他说"不要"的时候,应该多了解孩子是纯粹不想要,抑或有其他原因。尊重他的意愿,也养成孩子思考"为什么我不要"的原因,知道说"不"也是要负责的哦!

妈妈:我们来收玩具吧!

宝贝:不要!

妈妈:为什么不收呢?

宝贝:就是不要!

（这时仍要保持耐性，温柔地询问。）

妈妈：妈妈想知道为什么你不收，如果知道为什么你不想收玩具，也许妈妈也不会勉强你！

宝贝：……因为我的拼图还没拼完。

妈妈：好。那我们晚一点收拼图，先收娃娃好吗？

宝贝：不要！

妈妈：为什么呢？

宝贝：因为娃娃还没换好衣服。

妈妈：那我们先把娃娃的衣服换好，把娃娃收好，再玩拼图，好吗？

宝贝：……好。

若让这个年纪的孩子了解"说不之后，还是需要解决问题"，他会开始思考自己是不是要说"不"，提升对语言与行为的负责态度。而孩子如果拒绝收玩具的理由是合理的，家长可以多给他一些时间完成他理想的状态，心愿满足，孩子势必愿意展露笑颜，让玩具回归自己的家。

举手发问 Q 与 A：

Q：如何要求 4 岁以上更大的孩子主动收玩具

A：4 岁以上的孩子，智力、心理都达到较成熟的时刻，该养成"有秩序""负责任"的态度，因此，不爱惜、不收玩具，就必须为行为付出代价。以我们家来说，孩子 4 岁开始，若是不收拾玩具，而且屡劝不听，爸爸就会使出撒手锏——丢玩具或捐出去，而且说到做到！而孩子也确实因此学会乖乖收玩具。养成孩子收玩具的习惯，不只可以让环境整齐，更可以在收纳的过程中培养孩子的"逻辑思考""专注力"与"负责任的态度"。

Q：用恐吓"丢玩具"的方法，真的有用吗

A：就我个人的经验，对大多的孩子来说，"丢玩具"的威吓确实是能够让孩子开始学会收玩具。不过倒是要特别说明，"丢玩具"这个方法，我们在 4 岁以后才开始使用，当孩子有足够的能力控制自己的行为、较高的智慧可以记住失去的遗憾之后，"丢"这件事才会产生意义。如果孩子还太小，丢玩具反而可能产生反效果，在幼小心灵里造成压力或负面影响。所以在孩子 4 岁以前，我大多还是陪着一起收玩具，顺便让孩子学习观察、分类、排列组合的技巧。

听听专家怎么说　　　　　　　　　　吴怡贤　临床心理专家

收玩具这个能力是一项高级的技能，很少有人天生就是收纳高手，并乐在其中；"会收"跟"想收"又是两种不同的层次。看到这里，我们就要思考一下自己的家中是否也有一张椅背挂满衣服的椅子。

对发展中的儿童来说，我们首先要思考孩子是否具备了收玩具的能力。例如，2 岁以上的孩子通常具备简单分类的概念，家长可准备不同的收纳箱，在箱子上贴上交通工具、布娃娃、积木等图案，将分类也变成一种游戏。让孩子在游戏时间结束前玩最后一个游戏——"玩具大团圆"，看看伙伴都回到家了没有。

大一点的孩子仍然要考虑不会收的问题，在临床上也会经常遇到家长抱怨孩子不收玩具的问题，细聊之后才发现，由于父母工作太忙，久久得空才打理家庭环境，孩子的玩具四散在房间的各个角落，和凌乱的

衣物融合成一景。孩子收玩具的能力通常来自家长或幼儿园老师的教导，收玩具的习惯则和家长的生活习惯息息相关。

看到这或许会有家长抗议，"我超级会收纳，每样东西都照线排好，就他乱丢、乱放玩具"。来，坐下来，喝杯茶，喘口气，放轻松，依据临床经验，所有的问题都好解决，只要有好的亲子关系。

在处理孩子的问题之前，首要思考的原则是"不破坏已经建立好的亲子关系"，当孩子感受到父母的爱，才有教导与谈判的空间。当我们有"冷静的父母""被倾听与理解的孩子"，多数的问题都可渐入佳境。

首先我们可以用冷静的头脑，分析孩子不收玩具的原因及我们想要达成的目标。例如，孩子还想玩，但我们希望他把玩具收起来。

在游戏之前可和孩子进行约定，包括游戏时间及超过时间的处理方式，得到孩子的允诺，再开始玩。例如"一小时"的游戏时间，或是完成作业后的某一个时段，让孩子可规划时限内的游戏内容，并在快结束时给予提醒（例如，5~10分钟），让孩子有机会将游戏做个结尾。而孩子施展过人智慧，展现各种拖延战术时，就要启动违约条款。

在和孩子谈定违约条款时，要评估是否可严格执行。例如，不收的玩具全部捐出去，那么父母也要舍得。但要注意的是，孩子的玩具一旦过多，可能会不在意被没收的部分，因为仍有许多其他的玩具可玩。曾经遇到一个有创意的家长，他成立了"玩具租借公司"，客户就是自己的孩子，对于被乱丢的玩具，所有权都归家长，孩子如果还想玩这个玩具，就要拿收好的玩具来换。

　　家里的玩具不需要太多，谨慎选购产品，拒绝购买同类型的玩具，帮自己省钱，也给孩子养成克制物欲的好习惯。

　　最后，请务必记得，无论哪个年龄层，孩子只要乖乖收玩具，都请家长给予大大的赞美与鼓励哦！

三、不肯上学

上学对于许多家长来说，真是又期待又害怕的事！期待的部分，除了让孩子发展与家庭生活不同的社交圈、认识新朋友、学习新知识、建立团体生活规矩之外，当然还包括家长终于不用整天被孩子绑住，可以有一个完整放松的时段；但是害怕的部分，威力却不亚于期待！

小陆妈妈甘苦谈

世界上最讨厌上学的小孩，可能就是小陆妈妈我本人！听我倒霉的父母说，我小时候换了将近 10 家幼儿园，才找到不会让我哭的环境；上小班上了 1 个月，又开始哭，最后换过中班、跳到大班，才终于甘心乖乖上课。在大班读了 2 年，不想读第 3 年，爸妈只好拼命拜托学校让 9 月底生的我提早入学，提前开始小学生涯……

我是不建议父母如此溺爱（爸妈，对不起），但是，遇到不肯上学的哭闹小孩，父母到底该怎么办？

根据身边朋友的综合经验，孩子上学可能要哭上1个月。

1个月！听起来好漫长又好恐怖！

我不想让孩子重蹈我童年的覆辙（我应该不止哭1个月！）。上学是人生必经之路，该如何解决朝夕相处的分离焦虑？

没想到，孩子们上学的第一天，我才知道我多虑了。

不是都会哭着说不要上学吗？

为何我的两个女儿潇洒地走进学校，连回头看我一眼都没有？（换成妈妈的玻璃心破碎）……

我们家并没有让孩子很早就开始上学，等到姐姐中班、妹妹小班的年纪才让两个孩子一起结伴入学，也许是因为有伴的关系，她们完全没有各种资料显示的分离焦虑。一方面也许因为她们年纪够大，可以成熟面对分离；另一方面也可能归功于小陆妈妈循序渐进的努力引导。

为了建立让她们勇敢离开家、走入学校的心态，其实小陆妈妈下了一番功夫。就让我分享我的"学前引导"小窍门吧！

妈妈宝贝小剧场

★引导孩子去上学，要先培养孩子对学校、老师的期待与信任

当孩子已达到去上学的年纪时，愈早让孩子建立"准备要开始上学"的观念愈好。

平常和孩子们的对话如下：

妈妈：你看，在家里妈妈都不知要陪你们玩什么，我们人好少，好无聊哦！学校有很多朋友，还有老师会教你怎么玩游戏……

宝贝：可是我不想上学。

妈妈：那你想去公园吗？

宝贝：想！

妈妈：学校有跟公园一样好玩的游乐器材呢！你喜欢玩积木吗？

宝贝：喜欢！

妈妈：学校有比家里多很多的积木组合，还有同学陪你一起玩哦！

（让孩子认知"在家里有点无聊，学校则是个好玩的游乐园"。）

★建立"老师很厉害，可以解决问题"的观念

宝贝：妈妈，这个是什么？

妈妈：啊，糟糕，妈妈也不太知道，我猜是"……（回答正确答案）"，不过妈妈应该问一下老师，老师很厉害，什么都知道！

宝贝：老师比妈妈厉害吗？

妈妈：妈妈以前小时候什么都不懂，但是妈妈去上学，有很多老师教我，才渐渐学会很多事情！老师超厉害！

宝贝：老师什么都会吗？

妈妈：嗯，也不是什么都会，不过老师有问题，也会去问他们的老师哦！能变成老师，一定代表他们懂很多很多很厉害的事！而且幼儿园的老师会说故事、教你画画，还会准备点心给你吃呢……

（准备入学前半年，当孩子问问题时，我都会顺便提到"妈妈不知道回答得对不对，以后去上学可以再问老师，老师更厉害，什么都知道"。）

★当预备好了上学的心情，在初期该如何陪伴？如何告别？

（走进校门前，给予希望）

妈妈：溜滑梯看起来好好玩哦！好多同学玩得好开心，你也想玩吗？

宝贝：不想……

妈妈：今天除了溜滑梯，还会听故事、画画，很棒哦！你想玩什么游戏吗？

宝贝：我想要拼图和爬单杠！

妈妈：太好了，学校里都有哦！

（进入校园时，可以陪孩子走到教室，给予下次再见的期待。）

妈妈：（抱抱宝贝）再抱一下就进教室玩吧！妈妈下午会来接你，如果你表现得很棒，那我们就去逛文具店，你想要买什么？（给予期待）

宝贝：我想要蜡笔。

妈妈：没问题！

宝贝：可是我怕我会想你……

妈妈：那我在主任的办公室好吗？如果你真的想我，可以来找我，可是老师会很期待可以跟你当好朋友，你可以先陪陪老师吗？

（妈妈适当陪伴，千万不要表现分离的感伤，并加深孩子对新环境的信心。）

妈妈：宝贝，那你愿意跟我说再见吗？

宝贝：不要……

妈妈：放心，你需要我的时候，我会到你身边，现在先说再见，等一下有需要我再过来。

（一定要好好说再见，别丢下孩子离开。帮他建立对环境的信任，而非增加"来这里就会被遗弃"的恐惧。）

给予孩子希望与期待，花时间道别说再见，若孩子真的惧怕、舍不得家长离开无法道别，建议可以先询问学校是否让家长留在办公室等候，让年幼的孩子想妈妈时不至于有"找不到"的恐慌，陪伴上课一至三天，孩子会理解学校是安全的、好玩的，降低陌生与畏惧，就不再需要找妈妈，能够享受与同学相处的快乐。

举手发问Q与A：

Q：如何选择适合孩子的学校

A：能够提出这样问题的父母，真是太值得鼓掌了，因为现在大部分都是父母亲直接帮孩子决定学校，鲜少会问孩子喜不喜欢。其实，让孩子认识学校，并享有决定权，接受自己的成长，是很重要的！

以我自己的经验来说，我是在预计入学的前半年开始带孩子去探访幼儿园。通常都临时起意打电话询问能否探访，虽然对幼儿园有些不好意思，不过我觉得，临时起意的探访较容易看见幼儿园内真实的状况，而孩子也能以"参观"为由认识学校，不但不会有压力，反而充满期待。

在探访几家之后，妈妈会去芜存菁，剩下两三间口袋名单，让孩子们做决定。

家长可以跟孩子花点时间讨论喜欢哪个幼儿园，并且列出各种优缺点讨论，让孩子们一起参与"人生大事"的选择。

Q：如果是"顺利上学很长一段时间，却忽然排斥去学校"，那该怎么办

A：忽然排斥上学，家长的直觉反应可能是："老师太凶？受到同学欺负？……"但其实不单纯是校内的状况，有时候家里的状况也会导致孩子心态的改变，例如父母吵架、习惯的生活方式忽然发生变化等。另外，家长自身的分离焦虑也有可能会不自觉影响孩子，造成孩子更大的压力。

最常出现的对话就是："你去上学时我好想念你！""你在学校有没有想我？"……诸如此类的话语，其实会加深小孩意识到"分离"，就会更不想去上学了，所以这些话要避免在孩子面前说哦。

若孩子坚持不去学校时，请给他一点时间与空间，让孩子留在家里休息一两天，多观察孩子的举动，关心身体是否有异状，亲子间好好聊天沟通，才能从根本找出孩子遇到的困难、给予他适切的帮助。

听听专家怎么说

中国台湾台中市慈济医院身心科萧亦伶医生提供 4 个妙招，安抚容易紧张的孩子，让他们提早跟"分离焦虑"说再见。

（一）提早陪孩子熟悉学校环境

开学前 1~2 周可以多陪孩子到学校晃晃，进行野餐、打球等有趣轻松的活动，联结学校情境与开心感觉，事先熟悉及适应环境。

（二）避免孩子产生无法预期的焦虑

让孩子知道妈妈会出现的时间，并在说好的时间确实出现，甚至

早一点现身。

（三）渐进式陪伴与渐进式退出

针对焦虑症状较严重的孩子，一开始不妨整节课都让孩子能看见家长，甚至也可以坐在教室的最后一个座位，让他们一回头就看见妈妈。当小孩安心后，慢慢转到窗边、隔一节下课再来，中午或是下午再来。

（四）提供放学后的正向联结

例如："放学时，妈妈可以带什么东西来找你？"如最爱的玩具或吃的东西，下课后去溜滑梯之类的活动，让孩子对结束课堂后的时间能有开心期待，减少分离焦虑，也可以更快度过这段时期。

分离焦虑情况持续 1 个月以上，建议就诊评估。

如果使用这些策略，6 岁以上要进入小学的孩子仍有晚上睡不着，一早起来头晕、肚子痛、拉肚子等症状，不想上学或不想离开家的情况持续 1 个月以上，仍找不出焦虑原因，萧亦伶医生建议家长，应带孩子就诊评估，进一步厘清家庭及学校同学之间的问题，了解孩子的感觉，一旦确认已出现分离焦虑疾病状态时，医生将依病情介入心理治疗，甚至辅助药物治疗。同时也需要指导家长陪伴的技巧与了解孩子的情绪，分辨孩子在哪种情形下最为焦虑，使用让他最不焦虑的做法让他更容易适应。

（本文经萧亦伶医生授权使用）

当孩子毅然脱离自己的保护时，父母会忽然发现，其实还没准备好的是自己。

望着头也不回、不再需要陪伴、雀跃地走入校园的孩子背影……总会在心里很感叹。

所以，别忘了，除了关注孩子，也要照顾好自己的心理哦。

四、不肯睡午觉

奇怪，睡觉有那么难吗?

该睡时不肯睡，该起床却不肯醒，

妈妈到底该怎么办?

数小时后……

小陆妈妈甘苦谈

关于睡觉这件事，我觉得我很幸运！因为我有一个有"睡眠障碍"的老公……这样为什么幸运？且听我道来。

对比别人"睡不着"，小陆爸爸的障碍却是"醒不来"。这个障碍最严重的症头，就是"睡着后听不见任何的声音"。举例说明，我们家两个小姐妹出生后，直到戒夜奶前，我们家爸爸没有起来泡过一次奶，一次都没有！

每次在白天跟他兴师问罪，他都说"你又没有叫我"或者"我没有听见"，每次都让小陆妈妈怒火攻心，真心觉得应该在叫不醒他时直接给他一拳，打出一个熊猫眼，隔天他醒来才会记得有这一段。

（这明明听起来超不幸，哪里幸运了？）

哈哈，唯一幸运的地方，是爸爸的"睡魔基因"也遗传给两个女儿！

所以姐妹俩从很小就可以一觉到天亮，甚至可以一次睡十几个小时……身为妈妈，看着女儿沉沉睡着像天使般不吵不闹，真是太幸福啦！

"太厉害了，怎么办到的？教教我！"

除了嫁个一睡不醒的老公之外，其实，小陆妈妈还有一个小窍门，那就是"别让小孩睡午觉！"

咦？怎么可以？

大多数人不以为然，不过我回想自己的童年，对幼儿园唯一的记忆就是"我讨厌睡午觉！"据我的父母表示，我每到午睡时就会大哭（也因此我后来享有"安静阅读就可以不用睡觉"的豁免权），到现在我都记得"不喜欢睡觉""不喜欢只能躺着不动"的感觉。因为童年阴影，从大约3岁开始，我就不强制孩子们睡觉，他们玩累了再睡即可。

当然，妈妈很忙，家务杂事永远做不完，孩子睡觉是妈妈最好的放松时间，但是要哄她们午睡，有时候比做家事还累……最后我发现，如果不午睡，她们还是精力旺盛地燃烧到傍晚，然后饿得快、吃得多，七八点就累了想睡觉，早早主动爬上床。

这不是很好吗？晚上不用哄睡，妈妈能够留给自己更多的时间。

但是，也不是每天都这么好运，如果一不小心在下午两三点让孩子睡着了，那绝对不可能一小时内叫得起来，通常孩子都要睡满3小时才甘心，然后，晚上就会进入可怕的循环，半夜还活蹦乱跳的！

到底该怎么"睡"，对孩子与家长才是最有帮助、最健康舒服的呢？

妈妈宝贝小剧场

妈妈：你们为什么不午睡？

姐姐：还不想睡啊。

妹妹：早上又没有出去玩，我现在好有力气，哪会想睡？

姐姐：而且我们还想玩娃娃……

妹妹：我想堆积木……

★孩子为什么不想午睡

通常孩子不想午睡，可能是因为：

（一）睡眠充足，起床时间较晚，根本不累。

（二）活动量不够，体能过剩。

（三）还没玩够，外在好玩的诱惑太多舍不得睡……

（四）睡眠环境不够适合睡眠，如太吵、太亮、太闷热……

当然还有许多许多不同的因素，所以家长们可以先厘清宝贝不想午睡的原因，再找出解决办法，例如：早点让孩子起床、有足够的活动后再午睡、营造舒适的睡眠环境等。

2岁以前的孩子，需要大量睡眠，但大约3岁以后，每个孩子对睡眠的需求开始有不一样的发展，我发现妹妹可以很快沉睡，但姐姐开始抗拒午睡，每次午睡时间总是躺了很久，还是睁着眼睛翻来覆去。

妈妈：睡午觉咯！

姐姐：（翻来覆去）妈妈，我想听音乐！

妈妈：没问题！

（播放好听的宝宝音乐）

姐姐：（翻来覆去）妈妈，我想听故事……

妈妈：没问题！（换张故事CD）

（妹妹已沉沉入睡）

姐姐：妈妈，我的被子好热，想换薄一点……

妈妈：没问题！

（换条被子）

姐姐：妈妈，我想大便……

妈妈：（怒）你到底要不要睡觉！

好不容易入睡的姐姐，又很难叫醒，不睡上两三个小时就会大发一顿起床气。下午睡太饱，晚上该入睡的时间睡不着，这让妈妈好无奈。

查阅了一些资料，才发现：原来，姐姐不想睡，也许和她大脑发育渐趋成熟有关。

原来，当孩子渐渐长大，大脑发展愈来愈像成人，已不需要借多次的短暂睡眠来缓解疲劳、处理情绪，甚至可以习惯一整天的活动而不需要午睡调节。

★观察孩子"是否不需要午睡"的重点

孩子到底需不需要午睡，可以从几点来评估：

（一）孩子不睡午觉也不感觉累、不打呵欠。

（二）孩子不睡午觉反而情绪愉快。

（三）每日夜晚的睡眠可以维持至少9小时以上不中断。

如果以上三件事都能做到，也许孩子真的长大了，大脑神经的成熟度足够，强制他午睡反而像是限制行动一样可能造成负面效果。而且午睡和晚间睡眠的质量有关，午睡的时间愈长，相对夜间睡眠时间会愈短。曾有学者指出，过多的午睡会减低儿童夜间睡眠质量，甚至会影响大脑认知功能。

我认为，其实睡与不睡，并不是太严重的事，妈妈们不用过度紧张，只要观察孩子们的需求，看起来累就睡，不累就别睡，其实是最简单、最自然、最健康的方式。若是靠近傍晚才想睡，不妨带他们外出动一动，回来洗个澡、吃晚餐，然后早早上床躺平，把夜晚的睡眠睡好、睡满，也许比硬要哄孩子午睡来得轻松快乐哦！

举手发问 Q 与 A：

Q：孩子在幼儿园不肯午睡，该怎么办

A：可以试着和老师沟通，是否可以提供安静的活动供选择？（我自己幼年便是这种例子，获准独自在角落看书，也因此在幼儿园便养成阅读的习惯，凭良心讲，这是很棒的收获。）

但幼儿园为群体生活，若为一个孩子破例，有时会造成其他的纷争，也请妈妈综合考虑、寻找最好的处理方式。

Q：孩子在傍晚时段想睡怎么办

A：天啊，傍晚时段睡着真的很危险！想象一颗充满电的"电池"半夜12点还跳来跳去，就觉得头好晕啊。

我的处理方式是进行"转移睡眠注意力"的活动，带到公园跑跑跳跳，附近骑骑脚踏车，再回家洗澡、吃饭，也许晚上七八点就可以上床睡觉。

听听专家怎么说　　　　吴怡贤　临床心理专家

建议可从几个方面做考量：

（一）了解孩子是否有午睡的需求

每个孩子的睡眠需求不同，有些孩子即使不午睡，也仍然精神奕奕，午睡反而成为学校最难的课题。

（二）让孩子午睡的入眠魔法

如同夜间的入睡仪式，午睡前从事安静的活动，听一段简短的故事或轻音乐，请孩子想象躺在柔软的云上面，想象快乐放松的画面，避免对话或起身移动（睡觉前要先鼓励上厕所、喝水等可能会离开床铺的生理需求），并维持室内温度舒适。

（三）无睡眠需求的处理妙方

对活力旺盛的孩子来说，尽量的消耗其能量是不二法门，若是学龄前的孩童，建议避免晚起，上午可安排户外活动时间，让照顾者可在午休时获得喘息时光。就学中的孩子，建议可给予午间特别任务（例如，创作、阅读、协助师长或校园巡守），说不定让孩子发现得以发展的专长。

活力旺盛的孩子就像大容量电池一样，若只装在时钟上，肯定走上一整年也不会停（大多时候是时钟烧坏了）；若是装在计算机上，在数小时的卖力运作后，电力就会用尽，但若使用得当，也会产出令人赞叹的美丽画作或优美诗章。

五、不写作业

写作业这件事，真的好烦哦！

到现在都记得小时候写作业时愁眉苦脸的状态，

但这就是人生！

小陆妈妈甘苦谈

曾犹豫过是否要让孩子读学习压力较小的学校。但既然决定选择接受学校的教育，当然要硬着头皮跟上学校进度。毕竟小学课本的内容都是重要的基础知识，透过重复的练习，能够奠定语文、数学等重要科目的基本能力。不过，一进入小学，迎接孩子的就是分量颇多的家庭作业。

我跟老公两人童年时都懒惰又不爱写作业，很担心孩子们直接承袭我俩的"恶习"。尤其是失控的妹妹，幼儿园时代每次老师留作业，她总是在地上哀怨滚动地上演哭戏，仿佛要她写作业就是要她的命，演技精湛到令人火大！上了小学以后，会不会变本加厉？

没想到……我们猜错了！

这两三年来，两个宝贝每天放学后第一件事，竟然都是拿出书包里的作业开始写。连寒暑假作业都是放假一周内就主动全部完成，从来不拖延。

怎么会这样？为什么这么乖？

想当年我都是暑假的最后一天才开始赶作业，然后没写完还被罚跑操场啊……（嘘！千万别让孩子知道！）我想，从进入小学开始，我亦严格亦奖励的要求，也许是让她们习惯"先完成作业"的关键。

首先要说的是，我很幸运，因为在家工作，可以自己给孩子课后辅导，不需要送辅导班。能自己陪着孩子成长，虽然累了一点，但绝对有价值，因为能够更了解孩子每天在学校发生的事，当然也能掌握她的学习进度与状态。

妈妈宝贝小剧场

妈妈：欢迎回来，今天开心吗？

宝贝：开心！

妈妈：放下书包后第一件事是什么？

宝贝：洗澡！

（洗香香，精神好，回到书桌上坐好。）

妈妈：要先睡一下还是先写作业？

宝贝：我不要睡觉！我要写作业！

妈妈：好，今天的甜点是起司蛋糕和鲜奶，写完第一样作业就可以吃！

宝贝：我可以先吃吗？

妈妈：等等，只能先喝水，快快写完第一样作业才可以吃哦！ 2小时内写完，就可以一起去逛超市，选明天的早餐！

宝贝：好棒！

★每当孩子回到家，小陆妈妈这么做

（一）回家第一件事：洗澡

带着黏黏的汗水，穿着臭臭的衣服，光是想到就觉得不舒服，一回家洗个舒服的澡，容易转换心情，提振精神，静心做作业。

（二）自主选择：休息一下，还是写作业？

低年级回家时间多是下午，很多人让孩子休息一下，我可不认同！若孩子精神不错，先让他完成作业吧！写到一半累了，可以休息一下，不勉强休息、不勉强写，但只能二选一，不能做其他事。

（三）约定：写完一样作业就能吃甜点，全部写完即可自由活动

虽然很多专家学者都认为，写作业是责任制，不该有奖励，但是我还是认为让孩子有期待，效率自然加分。给的奖励，其实也是生活所需，但是须养成先把作业完成再吃甜点、做自己想做的事的习惯（自由活动中包含看电视，但限30分钟，其他活动如阅读、画画则完全不限制时间）。

（四）2 小时内写完加码好礼：逛超市或户外活动

若不限定时间，孩子有时候会边写边玩，所以规范一个充裕的写作业时间，时间快到前提醒孩子加速完成，完成后可以携手去家门外走走，去超市采买零食与晚餐食材，也是很棒的亲子活动！（但写超过 2 小时，活动就取消，久而久之孩子根本不可能花 2 小时以上的时间完成作业，效率会愈来愈高。）

（五）不干涉孩子写作业，除非错误，否则不擦掉孩子的文字

这一点，是我自己的坚持！我觉得孩子白天上课、放学写作业已经很辛苦，没道理像抓小偷一样坐在他身边盯着他写作业。很多家长坚持字丑就要擦掉，我则持相反意见，如果是字的笔画出错、计算出错才改正，其余的交给老师，老师若认为孩子的字要重写，就会把丑字圈起要孩子修正，那样就够了，若家长加码吹毛求疵的要求，孩子真的会觉得写作业很痛苦。

（六）请孩子写完作业后主动拿来检查，并请记得在挑错误之外找优点

不盯着孩子写作业，也请孩子主动拿作业来检查、拿作业单来签名，若孩子忘记，可约定罚则（如扣一次户外活动）。因为主动要求检查作业与签作业单不是家长的工作，而是孩子完成作业后需担的责任，虽然是小事，却绝不能帮忙，有助于养成孩子负责任的态度。而帮孩子检查作业时，不要只挑错误！

请记得，每天都要找出他特别用心的地方给予夸奖，例如说：字好美、造句造得好、计算能力进步等，让孩子从中获得成就感。

（七）履行约定，写完作业一定有零食、自由时间或户外活动

让孩子知道完成作业后一定能有快乐的课余时光，自然主动想快快

完成、快快自由、快快玩乐。

（八）不在乎成绩，只在乎态度

成绩只是短暂的学习成果展现，"态度"才是跟着孩子一辈子的宝物。求学时学习态度好，进入社会后工作态度就好，养成良好习惯、完成分内工作、为自己负责，不要给予过多课外作业、不要过度要求，让孩子多花点时间去感受周遭的人、事、物，享受快乐的童年，而非一直练习、写作业。

当然，养成好的写作业习惯，一定需要经过一段阵痛期。尤其，孩子的写作业恶习，简直可以逼疯父母，但愈是这个时候，父母愈要有耐性和孩子一起熬过。

★除了爱的教育，孩子能骂吗

"因材施教"很重要！不论是爱的教育还是责罚体制，不同属性的孩子，适合不一样的方法。像我家的姐姐：自尊心强、自我控制能力高、不允许自己犯错，因此作业完成的速度慢，我不会逼她；作业做不好，我则理性而温和地引导她，在肯定、正面的态度下，姐姐会控制自我，将作业完成到水平之上。

但妹妹则和姐姐大不相同！

个性活泼、情绪起伏大的妹妹可以一秒前哭泣一秒后大笑，同时也健忘、不记仇，是个粗枝大叶的"傻小姐"。对待妹妹这种类型的孩子，有时候不凶几句是没有用的，她可能会试探你的底线到哪儿、趁机耍赖。所以，在妹妹面前则扮演和蔼却谨慎的知识分子，呼！着实有点麻烦。（还好我是戏剧系的！）

一旦孩子慢慢养成负责任的态度，就不需要催促而主动完成作业，甚至整理自己的书包、桌子，独当一面，完成该做的事，其实最开心、最有成就感的，一定是身为家长的我们。习惯的养成，其实并不难，我们一起加油吧！

举手发问Ｑ与Ａ：

Q：孩子总是吵着不要写作业，不然就说忘了带作业回来，该怎么办

Ａ：不会写、不想写，是最常见的理由。还是建议以温柔的引导与陪伴，来化解孩子刚回家想玩、躁动的心。陪他一起看题目，想一想该怎么回答，适度休息，等待孩子进入写作业的心情。

若孩子总是用"课本、作业、作业单，又忘记带回家"做理由，这时父母一定要硬下心肠来坚守：

"忘记带回家"，一定回去拿，不准逃避，该写就写。

"忘记带去学校"，一定"不"送去，父母不是救火队，自己没谨慎整理，自己担责任。

从小让孩子养成"自己责任自己担"的习惯，久而久之，孩子的责任感自会加强。

Q：我家小孩写作业，很爱边写边玩，不专心，写得超慢

Ａ：不论是谁，都有想发呆的时候，所以当孩子写作业又发呆时，

先以鼓励取代责骂，问孩子要不要睡一下、休息够了再写。随时提醒"甜点在等你哦！""若能在时间内完成作业便能外出走走哦！"……提升孩子写作业的动力。

另外，孩子写字的问题，也让父母相当头大。不是忽大忽小，就是歪七扭八，粗心大意，很简单的问题还乱算、乱答。这时候，可以用开玩笑的方式问孩子：

"为什么大象字跟蚂蚁字在一起？可不可以让它们一样大？"

"为什么这么简单的问题却忘光光，是不是头脑被偷走了呢？赶快算个对的答案让妈妈看看头脑还在不在？"

避开直接的责难，用轻松趣味的方式引导。

听听专家怎么说　　　　　　吴怡贤　临床心理专家

"写作业"是每个人在学习旅程中的必经道路，我们会因为获得新知而感到快乐，但很少是因为重复写了 10 个一样的字而感到有成就。

请试想当老板要求你交一份报告，规定要手写，字要漂亮，还派了"检查专员"负责"协助"擦拭错字及不漂亮的字，确保可在时限内提交，你会因为接受一个可学习的挑战而感到高兴？还是想着"是不是得罪老板了"？

虽然孩子的状况和上述的情境不同，但感受却是类似的。孩子无法完成作业的理由五花八门，轻则小抱怨"作业太多写不完"，重则暂时失忆症"今天没有作业"。很少有孩子是因为喜欢写作业而故意不写，只为了让父母生气（在少数的特殊情况下，也是有可能发生），大多数的情况是，如果作业可以不用写就自动完成，大家都开心。

孩子不写作业的原因并不是要激怒父母，而父母的愤怒反应，可能会让孩子更感到写作业是一件讨厌的事，想要逃避，形成不良循环。

为了要避免形成不良的循环，我们要协助孩子体验"写作业"和"好事"一起发生的经验，例如，完成作业后，有值得期待的零食、自由的游玩时间及父母对其努力的肯定……这里有一点需要提醒的是，有部分的孩子在学习上较落后或是有注意力方面的困难，这时候就算是给予多少"好事"，可能都无法改善他错误连篇或拖拖拉拉的情况，更可能让双方都感到挫折，建议让孩子接受专业的学习能力或注意力评估，与专家共同拟订对孩子有效的学习方略。

亲子互动时，家长扮演的角色本来就很多元，只要你愿意，每个家长都可以是演技高手！用爱与包容去引导孩子，无论严格或温和，孩子终究会感受到你的心意，这也将成为亲子相处的另类趣味哦！

六、不洗澡、不刷牙

　　可能是女生的关系，"不洗澡"的状况，我很少遇到。但是，相较于"洗澡"的乖巧，"刷牙"却仿佛要她俩的命！

　　对于刷牙的恨意，姐妹俩有志一同，从小就嫌牙膏辣、嫌牙刷刺、嫌刷牙麻烦……真是伤透脑筋！

小陆妈妈甘苦谈

从小两个小姐妹就蛮喜欢洗澡，只要妈妈说"洗澡咯"，两个小家伙就会主动带着喜欢的玩具到浴室里玩耍，如果是"大浴缸泡澡时间"，更是不用妈妈要求就抢着跳进浴缸，一泡就是半小时，玩水玩得好开心，想让她们出来都还很难呢！

大约到四五岁后，小姐妹开始自己洗澡，6岁后也学会自己洗头，妈妈好轻松！现在放学回家第一件事就是跑进浴室洗香香，真是值得夸奖！

但有一好就没有两好，相较于洗澡，"刷牙"这件事就像要她们的命一样，跟刷牙有关的一切，无所不嫌，妈妈让她们自己换牙膏、选牙刷、挑漱口水，两人依然极度不配合，我又不喜欢抓住她们硬帮她们刷牙，大多还是请她俩自己自觉地认真刷，每天的刷牙时间就在妈妈碎碎念、孩子乱刷的循环中度过。

很快的，报应来了……

小姐妹从5岁开始就成为牙医院的常客。唉！小乳牙一蛀就很容易蛀到神经，两个孩子于是有"丰富"的根管治疗经验，妈妈我也常常被医生骂……

"怎么没有好好照顾小孩的牙齿呢？"每次我都很无言，她们这么不配合，妈妈该怎么办？

我知道妈妈应该更认真地执行洁牙任务，孩子的牙顾不好，家长确实要负起第一大责任，不过我还是要抱怨一下，请容我申诉……孩子们的身边，真的存在各种"牙齿杀手"，那就是"无所不在的糖果"！

当小姐妹开始蛀牙时，我认真地寻找原因，她们每天都刷牙，怎么还会蛀成这样呢？

这才发现，家里虽然没有糖果，但小姐妹无论是去亲戚家玩，还是上才艺课，都会得到许多糖果作为奖励或小礼物，一旦被妈妈发现，糖果会被"销毁"，所以，她们更常趁我不注意时把糖通通塞下肚。

唉！妈妈除了无奈还是无奈，真想登高一呼：各位大人呀！别再拿糖果讨好小孩啦！

没把孩子的牙齿或健康照顾好，最自责的总是母亲；看到孩子痛苦地看牙医，最心疼的还是母亲。可是，此时也只能告诉自己，既然牙已经蛀了，别再自责，更认真地督促孩子们刷牙吧！

唯一令妈妈我比较欣慰的是，上小学换牙后新长出来的恒牙终于是白净的样子，女儿们长大开始爱漂亮，曾有过一口烂牙的过往，现在对于清洁牙齿的被动态度也渐渐改进，主动在刷牙之外使用牙线、漱口水。

其实，牙齿与身体都是孩子的，我始终希望是孩子"主动"想洗澡、想刷牙，如果在过程中遇到挫折，也请各位家长打起精神，我们一起加油吧！

妈妈宝贝小剧场

★让孩子爱上洗澡

妈妈：洗澡喽！

宝贝：我今天没有流汗……

妈妈：没有流汗也可以玩水呀！

宝贝：我不想玩水！

妈妈：妈妈今天准备了钓鱼玩具，可以在洗澡的时候玩哦！妈妈可以陪你一起玩！

（引发兴趣，而且陪伴很重要）

宝贝：我可不可以换衣服就好？

妈妈：可是洗澡才会香香的，你闻，没洗过的衣服好臭，洗过的会香香的，我们把自己洗干净变香香，才不会臭臭黏黏痒痒长满细菌哦！

（实际让孩子比较脏脏臭臭的衣服跟干净的香衣服，感受气味的不同）

让孩子喜欢上洗澡是很重要的事情，排斥洗澡的孩子很可能是有不愉快的经验，例如：被水弄痛眼睛，水温过高，在洗澡过程因分心玩耍被呵斥，甚至曾落入水中造成恐惧之类的负面记忆，才会导致害怕洗澡。

当然，也有很多孩子纯粹是因为觉得"洗澡好麻烦"，因此营造舒服的洗澡过程真的很重要哦！

举手发问 Q 与 A：

Q：让孩子开心爱洗澡，有没有什么好方法

A：小陆妈妈超有用的洗澡妙招

1.冬天洗温暖的水，夏天洗凉凉的水，让孩子觉得很舒服。

水温不能太烫、不能太凉，不用一直担心孩子着凉，愈能适应环境的孩子抵抗力愈好。女儿们在夏天几乎都洗冷水澡，两个人常玩凉水玩到开心尖叫，却也很少感冒呢！

2.善用孩子喜欢的安抚洗澡玩具。

我们家孩子们最喜欢"海狮系列"的娃娃，所以，如果看到这类的沐浴球、毛巾娃娃，我们都会多买好几个来替换，一边洗一边和孩子过家家："海狮要跟你打招呼咯！""海狮说，我可以帮你搓搓背吗？"用扮演的方式，让洗澡成为欢乐的玩耍时光。

3.让孩子感到洗澡是享受。

帮孩子温柔的洗头发、洗脸、洗身体，是亲子相处难能可贵的时刻。尤其是洗头发与冲头发，如果能让孩子舒服地躺在小浴缸里，轻轻帮他

们按摩头皮，不要让水流到眼睛耳朵里，孩子一定会爱上这"沙龙级享受"。觉得很麻烦吗？其实这样的时光只有几年可过，孩子一下子就长大了，把握还能甜蜜相处的时刻，一点也不累！

Q：每次半推半就地让孩子刷牙，好累啊！有没有能让孩子们主动爱刷牙的妙招

A：小陆妈妈这样做

宝贝：*我不想刷牙！*

妈妈：*宝贝，妈妈要讲一个跟牙齿有关的故事，里面会告诉我们怎么让牙齿健康又漂亮哦！从前，有一只不爱刷牙的小熊……*

（借由卡通或故事的发展、绘本的阅读，让孩子知道刷牙的重要。）

宝贝：*可是我还是不想刷牙！*

妈妈：*你还记不记得巧虎的刷牙歌？妈妈放给你看，我们一起看、一起刷好吗？*

（跟着刷牙童谣的带动，陪着一起唱、跳、刷，孩子会觉得刷牙有趣。）

宝贝：*可是我还是不想刷牙！*

妈妈：*如果你不刷牙，嘴巴会有臭臭的酸酸的味道，大家会觉得你好臭不想跟你玩，可是如果你刷完牙，那就会香香的，很讨人喜欢哦！*

（借由旁人观感来影响）

宝贝：*可是我还是不想刷牙！*

妈妈：*如果不刷牙，牙齿里的细菌魔王就会趁你睡觉的时候，敲打你的牙齿，你的牙齿会好酸好疼，魔王还会生一大堆细菌宝宝，把牙齿蛀出一个大洞……*

（以童话方式引导）

以上这些都是鼓励孩子刷牙的好办法。

听听专家怎么说

吴怡贤　临床心理专家

刷牙和洗澡是重要的自理能力，一开始的学习经验格外重要，依据孩子的社会心理发展及行为改变技术的概念，建议家长可使用以下方法协助孩子建立正向行为。

刷牙洗澡养成游戏：

1至3岁的孩子，从练习控制自己的动作上获得成就感，家长在帮孩子刷牙洗澡的时候，可以让他帮自己抹点泡泡、冲掉泡泡，或拿牙刷自己刷两下，增加孩子的自信心。

四五岁的孩子，开始尝试"主动的行为"会带来什么样的结果，正向的经验有助于主动行为的养成。家长可将刷牙洗澡设计成数个小任务，例如"挤牙膏、杯子装水→上刷刷、下刷刷、左刷刷、右刷刷、里刷刷、外刷刷→漱漱口1、2、3→擦擦脸→身体冲水→搓泡泡→泡泡抹身体→冲干净→毛巾擦干"，家长可带着做几次，待孩子熟练后，让他自己来，并肯定他主动达成任务。

六七岁以上的孩子，可借由点数系统（token system）协助孩子建立并维持主动刷牙洗澡的习惯。例如，达成每日刷牙任务可获得一点，洗澡步骤正确可获得三点，累积点数的过程中可获得他人肯定，累积点数换得奖励时，更能自我肯定。

除了帮助孩子找到爱刷牙的方法之外，有许多研究指出，刷牙的清洁、防蛀效果其实并不完全，如果能搭配含氟漱口水防蛀，再用牙线清洁牙齿缝隙，才能全面保护牙齿。

Chapter 2 "没礼貌系列"

小恶魔超失态！该怎么办？

没有礼貌的小恶魔？！

气质满分 ♡ 优雅 100%

小陆妈妈的烦恼

礼貌，是人与人间互相尊重的基本态度，是人际往来应对进退的行为准则，"有礼走遍天下，无礼寸步难行"，这道理大家都懂。

可是，孩子如同一张白纸般降临在这个世界，大人的规矩对他们来说，并不似想象中简单。

要怎么修饰孩子直来直往的坦率心性？

要如何让孩子学会大人社会中的礼仪规范？

该怎么把"没有礼貌的小恶魔"调教成"有同理心的礼貌小天使"？

一、说话超失礼

在重要的场合，孩子却说出不懂人情世故、伤人又直白的童言童语，害"中枪"的亲友手足无措、全场气氛陷入冰点……

你遇到过这尴尬的状况吗？

小陆妈妈甘苦谈

孩子们刚学会讲话的时候，是为人父母特别有成就感的时刻。无论是第一声"妈妈"，或第一个能使用的词语，都会让妈妈感动到眼眶发热，觉得自己终于把"小动物"养育成具有语言能力的小人类啦！

牙牙学语的腔调，真的是最可爱的时候。不过，度过了这个时期，会发现孩子的语言能力在两三岁以后突飞猛进，从单字进步到句子，然后开始出现一连串令父母跌破眼镜的对白。

还记得莉塔姐姐两岁时，有一天，吃太饱的我窝在沙发上哀号。

（画面回溯到 N 年前）

小陆妈妈：（抱着肚子动不了）天啊……我吃太饱了……我快撑死了……

（此时，远方的小莉塔忽然泪眼汪汪地跑来……）

莉塔姐姐：妈妈！你不能死！你不能死！

当下，饱到快撑死但其实不会死的小陆妈妈扑哧大笑，觉得可爱的童言童语实在太窝心，只好"抱紧处理"。

然后，出门散散步也会有趣事发生。

（画面再度回溯到 N 年前牵着莉娜妹妹的手去商店购物的场景……）

莉娜妹妹：（走累了讨抱）妈妈，累累不要走。

妈：（温柔劝说）加油！宝贝，商店快到了，等一下给你挑一样，好不好？

妹：（摇头）不要，我要挑不一样的！

妈妈再度大笑融化。"没问题，挑一样不一样的！"

这些孩子两三岁间逗趣的宝宝语，是父母珍贵的回忆。

不过，随着年龄渐长，事情的发展渐渐不对劲……

有一天，我们去一向光鲜亮丽的漂亮好友家里做客，刚开始，孩子们有礼貌地打招呼、乖巧地画画……一切都很好。直到好友决定先换下洋装、卸妆洗澡，再出来继续跟我们闲聊时，大事不妙！

好友再次回到桌边，小姐妹忽然狐疑地盯着一脸水珠、穿着睡衣、头上包着浴巾的好友猛看，好友忍不住问："怎么啦？"

小姐妹不假思索地说："阿姨，你怎么不是阿姨了？"

刹那间，室内一片安静，然后……"是说我卸妆前后相差这么多吗？"

好友大笑的自我解嘲，大伙儿才爆笑出声来。事实上，妈妈我那时候简直惭愧得想挖洞钻进去！这两个小皮蛋，也太没礼貌了吧！

其实，好友还是一样美丽，但对小孩来说，刚刚那个头发卷卷、睫毛长长，穿得像公主的人忽然变身，难免会觉得奇怪。

这样的情形愈来愈多，许多大人视之为禁忌的直白话语，孩子总是口没遮拦地脱口而出，到底该怎么做才能改善？

妈妈宝贝小剧场

★我直白的孩子们呀

假设，在路上遇见外观与常人不同的朋友，孩子无心伤人的话语让他听见了，该怎么做？

宝贝：妈妈，他的皮肤好奇怪哦！凹凹凸凸的，颜色也不一样……

妈妈：（严肃，对孩子）宝贝，你知道你说了很没有礼貌的话吗？（诚恳，对听到自己被批评者）对不起，孩子不是故意的，请你原谅。

小陆妈妈的做法是：

（一）先道歉，大事化小

听到失礼的话当下虽然很尴尬，但是如果此时抓着孩子猛唠叨、猛解释孩子是说错了哪些话，或哪些部分很失礼，其实对于对方，也就是被孩子"戳中"的对象，有可能造成二度伤害。

举例来说，假设孩子直言别人身体的缺陷，而家长在对方面前不停解释，可能会造成：1. 我们的解释不一定符合对方的期待，对方想回应却愈描愈黑；2. 引起周遭的注意而让事件扩大，很容易造成反效果。

如果是我，当下第一个动作是道歉。谁道歉？小孩吗？不，是大人，是家长。家长应该为孩子的失礼在第一时间致上歉意，让对方知道你是在意这件事情，并且感到抱歉的。但是，此时孩子还不懂他为何做错，所以不必急于逼着孩子道歉，只要父母对这件事勇于负责，通常这尴尬的插曲可以大事化小、暂时过去。

（二）后解释，不逃避问题

第一时间没有要求孩子道歉，没有在众人面前解释问题，并不代表这件事就这样结束。跟当事人道歉之后，家长应该尽快让孩子明白自己的话语为什么失礼。把孩子带到较安静、安全的环境中，专心、和蔼地跟孩子说明刚刚那件事出了什么问题，为什么家长要代替他道歉。

妈妈：宝贝，妈妈把你带到旁边解释，是因为不想要让你伤害那个人的话，再一次让那个人听见。你知道吗，那个人本来是跟你一样的正常人，但是他发生了意外，身体变得跟我们不一样了。

宝贝：发生什么意外？

妈妈：妈妈不是他，妈妈不知道他发生什么意外，可是妈妈知道他不想要别人盯着他不一样的地方看、批评他的身体。他可能是遇到爆炸，可能是被火烧到，有很多可能，总之都是很痛苦的状况，你明白吗？

宝贝：可是我没看过这样，我很想看……

如果孩子还想继续追问，怎么办？

（三）引导同理心

这个步骤，是我认为最重要的，就是让孩子"思考"与"感受"。思考为什么家长第一时间要代替他道歉，为什么刚刚的行为、话语需要道歉。

妈妈：宝贝，你想想看，如果妈妈遇到火灾，被烧的皮肤坏掉了，别人盯着我看，还一直问我，你觉得妈妈会不会开心？

宝贝：不会。

妈妈：你再想想看，万一是你遇到爆炸，脸受伤了，你已经很痛很痛了，别人还说你好奇怪，还想一直看着你，你的心里是什么感觉？

宝贝：我会很难过。

妈妈：不只你，妈妈也会很难过，如果我们发生意外，变得跟正常人不一样，那我们更不希望大家笑我们奇怪，我们会希望大家可以好好地对待我们，不要用异样的眼光看我们，对不对？

无论孩子批评什么，适当的引导，感性的反省，最好能举他自身的例子，让他知道当事者的不舒服，从而养成为人着想的同理心。

"我们以礼待人，别人自然以礼相待，倘若我们言语伤人，别人也可能会用同样尖锐的话语刺伤我们。"让孩子将心比心、设身处地感受别人的心情。

（四）想一想再说

如果每次发生"说错话事件"，家长都能妥善处理，那么孩子应该可以慢慢养成为别人着想、想一想再说的习惯。当孩子渐渐长大，有办法独立思考、辨别是非，也就有自我控制的能力，令人尴尬的状况就会慢慢减少。别忘了提醒孩子，如果真的有什么问题很好奇想知道，又觉得问题有些唐突，那么请私底下低声询问家长，而非在众人面前大声发问。

（五）以身作则不批评

说真的，没有人可以完全不批评别人，尤其在家里，在自己最亲的人面前，常常口无遮拦、心直口快。但如果教育孩子别说带刺的话，自己却常做负面的示范，又怎么能让孩子信服？

最好的办法就是养成正向思考、看优点不看缺点的习惯，这可是小陆家的小窍门哦！什么事都只看优点，尽量多夸奖，那自然不需要批评，久而久之，也会满满的正能量，世界更美好！

举手发问 Q 与 A：

Q：可以强制要求孩子闭嘴，或用责骂来处理吗

A：首先，家长一定要了解，说错话、说话没礼貌，不是小孩的错！孩子并不是故意要给别人难堪，只是说出自己看到的事实，倘若因为"说实话"而被骂，他便会得到一个信息："说实话是不应该的。"他可能开始怀疑自己是否该诚实，甚至对说话失去自信，最后干脆什么都不说。

过去的传统教育大多会以责骂取代引导，导致"害怕说错话"的文化从孩子的求学过程（如上课时不敢发言），延伸到出社会（反正多说多错，不如不说为妙）养成人云亦云的习惯。这是很不好的哦！

所以，别压抑、别责骂，而是分析问题，让孩子知道是哪些地方"无礼"，才能真正改变。

Q：如果孩子一而再，再而三发生失礼的状况，怎么办

A：如果觉得孩子有些故意的成分，请引导孩子思考：

为什么要说别人不喜欢听的话？

是因为好玩吗？因为旁人会笑吗？

因为可以把当事人惹生气吗？

这样做，有意义吗？

一时的好玩之后，有想到别人的心情吗？

不谩骂，理性讲。用略为严肃的态度，让孩子看清自己无心行为背后的残忍，正视问题，慢慢改变行为模式。

听听专家怎么说　　　　　　吴怡贤　临床心理专家

好奇心是孩子天生的能力，1至2岁的婴幼儿会用各种感官来探索环境；2至3岁的语言发展渐渐成熟，开始能够用语言表达自己的想法及感受，会跟大人问个不停："为什么鸟会飞，为什么星星会亮，为什么他没有脚，为什么……"，或乐于表达内在的想法："好香、好臭、好吃、不好吃……"，由于想到什么说什么，通常就会遇到免不了的尴尬情况。

要孩子能够做到"什么话该说，什么话不该说"，需要考虑到孩子的认知发展阶段及社会化能力。通常4岁以上的孩子才能较精确地从别人的角度看待事情，六七岁以上的孩子才能考虑到较多的环境信息。要提醒的是，每个孩子会依天生的气质及后天的教养环境不同，而有不同的发展速度，需要依孩子的状况调整教导的方式。

★恰当说话养成班

·事前教导

平时可和孩子一起探索环境，当发现不同的人、事、物时，适时给予说明，若要培养孩子的同理心，除了以身作则（例如，帮助有需要的人、捐赠物资），也可带领孩子阅读同理心相关的绘本。

· **现场示范**

当孩子不合时宜的发言，造成他人的困扰，家长可掌握三个处理要点："关怀他人的心情""说明孩子的无心之过"及"表达歉意"，让孩子学习如果不小心伤害他人的处理方式，同时也不会因为被指责而日后怯于探索或表达想法。

· **事后教育**

家长可鼓励孩子描述事情的经过（有助于孩子觉察情境的能力），了解孩子的想法（例如，好奇、好玩），讨论行为是否恰当（例如，是否造成他人困扰），讨论合适的做法（例如，道歉、私下再问等），再一起练习看看。

请用爱与耐心陪伴他、引导他，别压抑孩子说话的权利，更别把孩子纯真的想法硬转变为只能说虚假奉承美言的不自然样貌。让孩子保持勇敢表达的天性，同时让孩子知道尊重别人的重要性。

二、逃避打招呼

好奇怪哦，问好不是很基本的吗？为什么孩子就是不肯开口？

每次在外面看到别人家的小孩，总是对人笑眯眯、甜蜜蜜地打招呼，自己家的小孩就畏畏缩缩、愁眉苦脸，好像打招呼是什么苦差事。

到底为什么会这样？该如何改善呢？

那是你朋友，又不是我朋友……

刚刚不是说好要**打招呼**吗？

小陆妈妈甘苦谈

说到打招呼这件事，真的很恼人！小陆妈妈是个很重视礼貌的人，就希望孩子也能从小有礼貌、嘴巴甜，但是莉塔、莉娜小姐妹完全与妈妈的理想背道而驰，不但不主动打招呼，每次都要妈妈提醒后才肯勉强开口，眼睛也常常逃避直视对方，这看起来超"失礼"的态度，总让妈妈燃起心底一把无名火！

好奇怪，为什么会这样？

后来我努力追根究底想找出原因，咦？我忽然想起，我自己小时候也非常不喜欢打招呼！心里忽然被重击一拳……原来我也这么无礼吗？为什么？

仔细回想自己的心情，确实我还清楚记得那种"打招呼"前的尴尬与踌躇，明明知道打招呼没什么，可是就说不出口；明明在心里预演等一下大声问好的方式，但是当站在要问好的人面前，一句话就是哽在喉哝里说不出。对于熟人、亲友，倒是没什么大问题（但也不是问好，就是大声地叫对方，例如：爷爷、奶奶、姑姑……），但对于陌生的叔叔阿姨，硬要说出"阿姨好！""叔叔好！"就是有什么不对劲。

这种不舒服的感觉我还记得，却也不甚明白为什么会这样。这症状一直到我考上大学的那年暑假，开始在外打工后不药而愈。这时候的我真正跨出自己的舒适圈，跨入社会中，我发现人与人相处，必须释出善意让对方知道，而一句问候，其实代表的是对彼此的关心，再也不是家长站在我们前面"要求"我打招呼了，而是"我自己为自己打招呼"。忽然间，我跨过了内心那个关卡，打招呼、问好变得非常自然且简单。

当自我检讨后，我对于女儿的被动开始释怀。也许到了可以开口、愿意开口的那个时机，才会真正体会"问好"的意义。不过，为了符合社会礼仪，我还是会帮孩子们做一些"特训"，重视的是"过程"而不是"效果"，现在就来分享我的方法吧！

妈妈宝贝小剧场

★提前实境模拟的练习

别说孩子，就算是大人，忽然被置入一个陌生的环境，不得不和许多陌生人相处，还被迫要打招呼、互动，甚至加上一阵亲摸拥抱……光是想到就觉得压力很大！

所以，先让孩子知道一会儿要去哪，会遇到谁，该跟谁打招呼，是家长建立孩子心理安全感非常重要的步骤。

妈妈：宝贝，等一下我们要去姑姑家吃饭，你还记得姑姑吗？

宝贝：哪个姑姑？

妈妈：是小姑姑哦！头发长长、喜欢维尼小熊的小姑姑！她很想你哦！你很喜欢去她家，记得吗？

（生动描述亲友，甚至亲友家的特点，唤醒孩子的记忆，并且建立亲友与孩子之间的关系。）

宝贝：我记得！

妈妈：那你等一下看到姑姑，愿意跟她打招呼吗？

宝贝：要说什么？

妈妈：你想说什么？我们来练习看看！

宝贝：嗯……姑姑好。

妈妈：很棒！还能说些别的吗？比如说……好久不见，姑姑又变漂亮了！或者……姑父好帅！

（用俏皮的方式让孩子觉得有趣。）

宝贝：（乐）姑姑好漂亮！姑父好帅……

（用欢乐的方式引导孩子，唤醒孩子的记忆，让孩子愿意更自然、开心地打招呼。）

★让孩子感受"被问好"的心情

若孩子不肯开口，可以试着反向引导，让他知道"不被问好""不被重视"的感觉。

妈妈：宝贝，你刚刚没有跟叔叔打招呼，而且还把头转开，故意假装没看到他。

宝贝：……

妈妈：你想想看，今天，叔叔在路上遇到你，你知道他是你认识的人，可是，他却忽然冷冷地瞪你一眼，把头转开，故意转身就走，那你会觉得很开心，还是有点奇怪？

宝贝：有点奇怪。

妈妈：对啊！是不是还会有点……难过的感觉？好像叔叔不想理你了？

（唤醒宝贝的同理心）

妈妈：你心里真的不想理他吗？

宝贝：没有啊。

妈妈：我知道你没有，可是如果用今天的态度，叔叔一定会误会你讨厌他。如果别人这样对你，你也会这样觉得，对不对？

（用不同的方式举例，让孩子感受对方所感受的。）

妈妈：如果有人一看到你就笑眯眯地跟你说"你好""早安"，你是不是心里会觉得开心？你喜欢别人对你冷冰冰、凶巴巴，还是笑眯眯？

宝贝：喜欢笑眯眯。

妈妈：下次有人跟你打招呼的时候，可以回他一声"你好"，或者对他笑一个吗？

（温柔引导、潜移默化。）

对于请孩子向亲友问好，这样的同理心建设是很有效的。但如果对于要求孩子向家长的朋友或不熟的人打招呼，我觉得这招作用不大，因为我的孩子不肯打招呼的原因，大多源于对方的陌生，不想跟陌生人互动，也不在乎陌生人对他的看法。

即便如此，我还是常常重复这样的练习，希望可以慢慢在孩子的心里建构"对外人释出善意"的习惯。

★随时不忘夸奖

只要今天孩子主动向人打招呼、问好，一定要记得夸奖"你表现很勇敢！很棒！""有礼貌的小孩最讨人喜欢啦！"，让孩子知道自己的嘴巴甜甜，原来会得到鼓励，心里也甜甜。

但是请记得不要真的给孩子糖吃，或给予太物质的鼓励哦！好多长辈只要小孩一嘴甜打招呼，就会奉上许多糖果饼干，这可不是个好主意。应该让孩子在赞美中，理解"打招呼"是对的事情，把"礼貌"变成生活习惯。

★不要负面威胁：孩子害怕陌生人并没有错

没有问好，也许是孩子的心理还没有准备好，不要再给他施加压力。毕竟，在襁褓时期离开妈妈怀抱就会大哭的小宝宝，并不是会走路、会说话以后，就可以瞬间习惯大人的世界。况且，除了最熟悉、常常见面的家长与爷爷、奶奶、外公、外婆、姑姑、舅舅之类血亲外，其他的"熟人"，都是大人的熟人，不是孩子的熟人。

所以，千万不要威逼，也尽量别以责备的语气说："小孩不可以这么没有礼貌……"久而久之，孩子不会因为负面评价而改变，反而可能会认定自己"我就是没礼貌，怎么样？"对小小心灵造成伤害。

★理解孩子不问好的原因

有时候孩子明明愿意跟人打招呼，却唯独不想跟某个特定对象问好，也许该私底下跟他聊聊为什么。也许有特殊的原因我们却未察觉，例如孩子曾和这位亲友产生不愉快，或因不熟悉而感到恐惧，甚至有其他原因。

说真的，有的大人对人严厉冷漠，有的大人温和、善于引导，所以孩子对待不同的人，也会有不同的态度。遇到会用不好的方式逗孩子，或引发孩子反感的大人，孩子会本能保护自己，家长也应该适时给予帮助，观察孩子的遭遇，了解孩子的心理，找出原因，才能从根本解决问题。

★以身作则，以引导代替要求

其实女儿们跟小时候的我很像，只要看到喜欢的熟悉的亲友，就会大老远呼唤着对方的称谓，然后奔跑而去，任谁都能感受到她们的热情。但面对比较不熟悉的亲友，则必须一再压抑自己紧张的情绪、武装自己的表情，才有办法开口。

所以，每次看到孩子在我的朋友面前，怯生生地犹豫该如何开口时，我会适时帮她们一把，自己先问好，先和好友寒暄一番，让孩子们知道对方是善意的、好相处的，再邀约她们一起问好。

以身作则，以亲身引导代替言语要求，永远是教育孩子最棒的方式。

举手发问 Q 与 A：

Q：如果以上都做了，孩子还是很排斥跟人打招呼，怎么办

A：小陆妈妈自己小时候真的也好害怕跟人打招呼哦！

若要说那个不懂问好的自己有什么错，我也不觉得。因为我没有恶意，就是觉得害羞与尴尬。虽然会给人失礼的观感，但这好像不是因为父母的教育错误、礼节倡导不够，而是源于孩子内心的不安全："我觉得我还不够认识你，我心里还没到可以跟你说话的状态"，诸如此类。

所以，如果可以的话，请再多给孩子一点时间，我们一起期待他愿意自己真心开口问候的时刻吧！

听听专家怎么说 　　　　　　　　吴怡贤　临床心理专家

依据社会情绪发展，2 至 3 个月的婴儿会对陌生人微笑（社交性的微笑）；6 个月大时开始出现对陌生人防备；2 至 3 岁的孩子开始经历什么都"不要"的叛逆期，同时也要考虑孩子先天的气质不同、父母的教养类型及孩子的情绪状态，都会影响孩子是否会出现主动打招呼的行为。因此要孩子顺利地向他人打招呼，真的需要"天时（适合的发展阶段）、地利（感到安心的地点）、人和（亲子关系）"。

★打招呼这么做

·天时

当孩子已经不害怕陌生人，也较能遵从家长的指令，可透过鼓励的方式（例如，口头奖励："能主动和他人打招呼是一个很棒的行为"，实质的奖励："选一个喜欢的小零食"），增强孩子打招呼的行为。当孩子建立成功的社交经验，日后即使没有额外的奖励，透过自我肯定，仍能维持正向的社交行为。

·地利

若孩子先天的气质较内向或较难适应新事物，则孩子在熟悉的场合中会有较高的成功率。因此和他人会面之前，预告情境及练习，有助于孩子降低社交焦虑。避免在社交的场合中，过度将焦点放在孩子身上，允许孩子有一段时间的暖身，再来问候他人。

·人和

孩子最早的社交互动对象为儿时的主要照顾者，若照顾者可时时注意到孩子的情绪状态及需求，适时的给予回应，孩子便可和主要照顾者建立安全的依恋（attachment）关系，有助于孩子日后社会互动的能力。

大人们教育孩子要小心陌生人，又要孩子主动跟他不认识的人打招呼，在孩子的小小心灵里可能造成难以理解的问号。当然，嘴甜的孩子讨人喜欢，不打招呼的孩子显得别扭，但是，这可没有绝对的对错哦！尊重孩子的想法，也是家长该学习的课题之一呢！

三、在公共场合没礼貌，不顾他人观感

你的宝贝是否曾在大庭广众之下做出让你想挖个地洞躲起来的失礼举动？

遇到这种状况，到底该变身"虎妈"制止孩子？

还是装作没看见，让孩子玩个过瘾？

小陆妈妈甘苦谈

你是否曾在公共场合看到小孩无礼的举动，因而觉得"这个孩子好没教养，爸妈到底怎么教的？"

你是否也听过像这类不为人着想的孩子的父母辩解："孩子还小，不懂事！"其实，不懂事、不懂礼貌的，不是年幼的孩子，而是家长！

虽然说孩子顽皮不一定是爸妈的责任，但是，看到孩子脱序的行为，却没有看到父母给予适当的规劝引导，那在外人眼中的观感是很不好的。

我曾经在一个户外的野餐聚会时，看到这样一幕：

蓝天绿地的悠闲午后，大家快乐地野餐，每块野餐垫上都是用心准备的餐点，大人小孩或躺或坐，或吃喝，或玩耍，脸上都洋溢着欢欣笑容，好一幅天伦之乐的画面！

突然，有个大约 5 岁的男孩拿着一把大大的水枪，穿梭在许多野餐垫中开心地跑跳着……嗯！感觉看起来也是很开心的画面，但，不对！怎么他的周遭有许多人露出不悦的脸色呢？

很快，我的两个女儿跑来告状："妈妈，那边有个弟弟一直拿水枪射我们！""妈妈，我的衣服都被弄湿了！"

不会吧……这个弟弟，竟然拿有水的水枪到处射击？难怪大家都露出不悦的神色。

他的家长呢？我转头一看，看到离他不远处，有个奶奶笑脸盈盈地凝视着他。说时迟那时快，小弟弟接触到我的眼神，竟然挑衅地拿着水枪奔来，朝我扫射！

我的一把无名火立刻燃起，压低了声音严肃地对弟弟说：

"弟弟，你这样拿水枪射人，是很不礼貌的，大家都在吃东西，不想玩水，也不想被弄湿……"

他后方的奶奶立刻一个箭步冲上来，一句道歉也没有，护住孙儿转头就走，还说：

"乖孙，来，咱不要在这里玩，去旁边玩。"

于是弟弟带着得意的表情，瞪我一眼，又自顾自地寻找下一个"攻击"目标。

刹那间，我无奈又无言。

你说，有问题的，到底是谁？

比孩子没有礼貌更严重的，是父母的宠溺，是家长的放纵，是照顾者对于孩子无知行为的无感。

印象中在新闻中看过，搭长程飞机时，一对家长自制中英文小卡片与耳塞小礼物给同班机的其他乘客，说明"请体谅孩子可能的吵闹"。

我非常赞赏这对父母的贴心，因为孩子本来就会吵，这是乘客都知道的事实，但父母还愿意多做一点、多照顾机上乘客的情绪，我相信他们的孩子就算不安稳、哭闹，一定都会在合理的范围之中，因为父母充满了同理心，会关怀、纾解孩子的不适。

回想起不久前我们也曾受过班机上孩子吵闹的苦。那次是飞机从加拿大飞回中国台湾，我们一家四口被安排在"家庭区"，前排与身边都是带幼儿的家庭，不过每一组家庭都很安静，除了前座的一家三口。

飞行才一开始，一对 30 出头的父母，就放任他们约 2 岁大的孩子哭了大约 1 小时，完全没把他抱起来哄，让孩子哭到睡着。孩子狂哭期间，空姐数度关心，甚至我隔壁座的一位奶奶都起身要帮这对父母抱小孩，父母却摇头拒绝，就让这个孩子号啕大哭整整 1 小时……同样的状况在 10 个小时的飞行时间中重复了 3 次。孩子醒了又哭，哭累再睡，连续循环……这件事，列为我"不可思议事件"名单中的前几名。

当知道孩子影响到周遭众人时，为什么不哄哄孩子？为什么不尽父母的责任，带他散步、陪他聊天，让他转移注意力？

当孩子不理性而影响到他人的时候，父母该怎么做？

妈妈宝贝小剧场

小陆妈妈家的两个顽皮宝贝最常在公共场合发生的失礼事件排名：

第一名：拿汤匙、筷子敲餐盘或敲击会发出声音的器具。

第二名：把脚伸到椅子上以怪异的姿态吃饭（外加踢椅子）。

第三名：姐妹吵架。

虽然知道阻止她们也许是扼杀姐妹俩打击乐方面的天分、体操运动员的肢体，甚至是成为律师的辩才（哎，想太多），但真的不可以放任她们在公共场合引发众怒！

★明确地告知"可以"与"不可以"

（当宝贝正做着会影响他人的举动，例如拿玩具丢来丢去。）

妈妈：宝贝，不可以，请停止你的动作，谢谢。

在公共场合，什么事可以做，什么事不可以做，要明确而清楚的规范。

记得曾看过一些教育文章，认为尽量少跟孩子说"不可以"，所以在家里，我确实很少坚决地说"不可以"，大多让孩子自己决定该怎么处理。但出外后，我会忽然变身"虎妈"！只要觉得这个行为"影响到他人"、失去了分寸，就会严格疾呼"不可以！"，让孩子知道自己刚刚做的行为没有尊重同在这个空间的"别人"。

（为什么不可以？解释清楚才能避免再犯。）

宝贝：为什么不可以？

妈妈：因为这里是公共场所，是大家的空间，我们不能因为自己想做什么，就影响到其他人使用这个空间的权益哦！你看，有很多人走来走去，你丢玩具的时候，可能会打到别人……

宝贝：可是我又没有打到别人！我很小心！

妈妈：宝贝，就算还没有打到别人，你也"可能"会打到别人，而且每个经过的人都会很有压力，担心你打到他，大家的心情就会不快乐。你希望自己变成一个让人不快乐的调皮小朋友吗？

说完"不可以"之后，我一定会解释原因，让孩子知道"为什么"。

一开始也许成效不彰，花时间解释、引导，孩子却听不太懂、不在乎旁人眼光，下次还是照犯一样的毛病，但随着孩子长大，每次的谆谆叮咛就出现效果，孩子愈来愈懂得体谅与尊重，愈来愈能约束自己。

（避开容易让自己与孩子陷入困境的环境。）

妈妈：不好意思，妈妈今天不应该让你带这个小玩具出门，让你很想玩，就不知不觉影响到别人了，那么我们来讨论，你是要收起玩具，留在这里逛街呢，还是我们选一个空旷的公园去玩？

宝贝：那我把玩具收起来，逛完再去公园玩好吗？

妈妈：当然好啊！你的决定太棒了！

什么环境绝对不适合让孩子发生无礼行为？例如：听音乐会、看舞台剧、上高级餐厅……只要是密闭、安静的空间，有年龄限制的场合，其实就不适合太小的儿童。如果父母真的很想去，应该寻求亲友协助照顾小孩，而非让孩子在有限的空间内感到压抑、不舒服，也造成别人的困扰。

有些在公共场合容易影响别人的物品，也请父母过滤后再带出门。如果不是去腹地广大的公园、操场，那么一定不要带需要大空间的玩具，例如飞盘、球，或前面提过的水枪、难整理的黏土，甚至会到处飘散的泡泡水，只要不带出门，后续就少了可能的争执。

★尊重别人、尊重自己，"机会教育"设身处地为他人着想

（举例来说，在餐厅遇到餐桌礼仪不佳的邻座。）

宝贝：妈妈，那个小朋友一直吵，都不吃饭。

（此时妈妈的回复请务必小声、低调，不要给临座家长造成压力，委婉说明）

妈妈：你看，隔壁桌的爸爸妈妈要花很多时间照顾小孩，自己都没办法好好吃饭，好辛苦，好伟大（先讲好事），那个小朋友其实已经很大了，却还哭着要爸妈喂，他都没有想到爸妈也好饿，好想吃饭（再讲缺点）。你觉得你自己能不能当个好贴心的孩子，乖巧、有礼貌地吃饭呢？

宝贝：我可以！

其实生活周遭充斥着"放任孩子"的负面教材，也是随机可以汲取的"机会教育"。多运用机会教育，也就能多让孩子感受到"不礼貌行为造成的问题"，进而产生同理心。看到游乐园里有人不守游戏规则、公共场合有小霸王不顾他人观感，都可以提醒自己的孩子不要犯一样的错误，要遵守公共场合的规定，判断行为的正确与否，避免自己变成不乖的小朋友。

举手发问 Q&A：

Q：如果好言相劝，孩子就是不听，那该怎么办

A：如果孩子一直都没有办法自发约束自己，我才会使出最后的招数——"奖惩并用"！为什么说是最后的招数？因为如果能让孩子自发性由内改变，那不要依赖奖励或惩罚，才是长久之计。但是迫在眉睫希望他今天一定要守规矩时，只好使出"捷径"："表现好，就奖励；表现不好，就没有奖励，甚至有小惩罚。"奖惩并用，必须要事先约法三章，例如："今天如果做得很棒，回来可以加5个好棒印章；今天如果违反我们的约定，回来就要扣除5个好棒印章。"或者，完成今天的乖宝宝任务，孩子就可以得到爱吃的健康零食，如酸奶、坚果，实用的文

具如铅笔、橡皮擦、书籍等；如果没有完成乖宝宝任务，就惩罚没有零食或不能看动画片之类的。奖励不需要太好，惩罚也不要太严格，如不可以出去玩或不可以吃喜欢的零食。切记不要用玩具、糖果这类无意义的礼物买通小孩哦！

听听专家怎么说

吴怡贤　临床心理专家

教孩子规矩，是父母重要的课题，小至服装搭配，大至做人做事，我们用自己的人生智慧，期许孩子行为端正及明辨是非。教养的过程中，经常会遇到"内忧外患"的情况，大多时候"父母教了、孩子忘了、路人怒了"。

★管小孩这么做

·打预防针

依据孩子的特质，预想可能会发生的情境，例如无法安静地坐着（聚餐）、大声说话（看电影）、到处碰展示作品（展览会）、追逐奔跑（野外）、烦躁哭泣（长时间旅行）等，可与孩子讨论哪些行为可做，哪些行为不可做。如果真的忍不住，可以做哪些行为取代（例如，在聚餐的场合，帮孩子带一些可安静游玩的玩具，像画笔、画纸、小玩偶，建议多样性，可替换游玩）及违反约定时，家长会采取的措施及原因（例如，当孩子在餐厅大哭的时候，我会先带她到外面，等她哭完再进去，让别人可以安静吃饭）。

·现场随机应变

观察孩子行为的原因，较小的孩子可能会因为要获取大人的注意，而出现哭闹或捣蛋的行为，那么注意孩子的时机就格外重要，例如，在餐厅中孩子有坐好、自己吃饭、安静的画画，家长就可对孩子说："我看到你坐好了，很好哦""我发现你都可以自己吃饭，规矩很好""我看到你画了一个……"，让孩子感受到"好"的部分被关注，而非"搞怪"的行为才能获取注意。另外，当家长有预感孩子即将"发作"时（例如，扭动不安），就可适时提醒约定的行为，或提供替代行为（例如，带出去逛一圈再回来）。

　　小孩的行为有礼与否，跟父母教养方式真的有很大的关系。无论要花多少时间，1个月、1年、一辈子……父母都需要教会孩子尊重周遭的人。

　　孩子本来就不懂社会规范，所以要循循善诱，才能学会明辨是非与掌握分寸，就让我们以身作则，以爱的约束来改变孩子！

四、爱插嘴

当妈妈正在谈重要的事情，孩子却十万火急地不停插嘴，暂停自己的思绪回应她，却发现只是无关痛痒的小事……但被孩子打断，原本说到一半的事情却也接不下去了！

这种无言又无奈的心情，你曾经历过吗？

小陆妈妈甘苦谈

（当妈妈正在谈重要的事情时……）

孩子：妈妈！妈妈！妈妈！妈妈！ （重复N次）

（妈妈继续谈话，假装没听见）

孩子：妈妈！妈妈！妈妈！妈妈！你快听我说！很重要！

（妈妈开始有点担心，决定放下处理到一半的事情，先听孩子说。）

妈妈：怎么了？

孩子：妈妈，我大拇指的指甲比食指的指甲胖！

（妈妈的怒火瞬间点燃。）

妈妈：你说的很重要的事就是这件事吗？

孩子：对啊，我的大拇指说它自己又矮、指甲又胖，其他手指都不想跟它做朋友了……

妈妈：你给我安静！这种事跟你的手指讨论就好，不用跟我说！

像这类莫名其妙的对白，在我家几乎天天发生。说过 1 万次"等妈妈先讲完重要的事，再轮到你讲好吗？"没用。吼过 1 万次"不要跟我说废话！"没用。好说歹说，有时候凶到自己都不好意思，孩子还是爱插嘴。

对于"插嘴"这件事，我实在很无力，常常觉得，糟糕，我的教育是不是很失败？明知道不能吼，但还是常常被孩子气到发火。这时候耳边忽然响起一句熟悉的话语："囝仔人有耳无嘴。甸甸！"这是小时候外婆常对我说的话，这句话的意思大约就是"小孩子用耳朵听就好，嘴巴闭好，别一直说个不停"。

这样说来，我想我小时候大概也是个静不下来、说个不停、耐不住寂寞的孩子。每次听大人讨论得兴高采烈，便想跟着发表自己的高见。

女儿们也许是随我？打从会讲话以来，小姐妹俩整天叽叽喳喳说个不停，自己说也就算了，还一定要有听众，想到什么事都要立刻跟我分享，没事的时候觉得很可爱，忙碌的时候实在受不了。

在好说歹说的劝告下，现在虽然知道要等我讲完才能插话，但她们会在我讲话时一直站在旁边凝视着我！妹妹甚至还会高举双手，不停叨念着"我要举手发言！"害得我还是心软停下来回应小姐妹们无关痛痒的问题。

当然，100次里有99次都是鸡毛蒜皮小事。我每次都反问妹妹："这种事必须举手发言吗？"她当然以一副嬉皮笑脸的样子认真点头，让我好气又好笑。

妈妈宝贝小剧场

遇到孩子插嘴的时候，我通常会这么做：

（先请孩子等一等，学会耐心。）

妈妈：妈妈现在在讲重要的事情，请问可不可以等我处理完你再说？

妈妈：如果你真的有事想跟妈妈讲，是不是可以不要直接插嘴，而等我把话讲完，停下来的时候再发言呢？

妈妈：我知道你有话要对我说，但是因为我已经先说了，还没说完，可不可以先让我把话说完，再轮到你说呢？

以上这些话，都是我常对孩子说的。

（当孩子愿意等待时，给予感谢。通常诚恳地跟孩子沟通，孩子都会很配合的等待，此时，我一定会跟她们说谢谢。）

妈妈：谢谢你愿意等待，我讲完话，就会轮到你。

妈妈：你表现得很好，谢谢你的耐心。

诸如此类。但自我检讨，我知道我每次跟她们感谢的态度都不甚真心，因为我的内心独白是："快闭嘴！"真是糟糕！应该好好训练自己的情商！

轮到孩子发言时，分析话题的重要性，请孩子自我检核。假如孩子插嘴的话题与原本谈论的话题毫无关联，代表她只是硬要参与聊天，或缺乏对话题的判断力，那应该适时检讨、引导。

妈妈：我们正在讨论今天阅读心得的作业，你为什么要忽然讲到校外教学的事呢？是不是应该把今天的作业完成，等到真正有休息时间，再聊你想聊的事，而不是打断我们原本的话题呢？

宝贝：可是校外教学也很重要。

妈妈：请问现在，我们应该要讨论、一定要完成的，是什么呢？

每当遇到这样的情况，我都会严肃地提醒、指正，让孩子思考自己说话的逻辑、顺序、重要与否，我觉得是养成"说话的艺术"很重要的一环。

也许这样的训练无法快速看到成效，但期待可以潜移默化，让孩子在发言前多想一想，说话才能更有内容、更讨喜。

找适当时机故意做错误示范，让她们感受到被插嘴的不悦。

（姐妹俩讨论自己的话题，不亦乐乎时……）

姐姐：今天睡午觉的时候我偷偷睁开眼睛，都没有睡！

妹妹：我也是！还跟同学在桌子底下玩剪刀石头布……

妈妈：（大声打断）现在开始复习九九乘法！一二得二、二二得四……

姐妹：（异口同声）妈妈你不要插嘴啦！

妈妈：嘿嘿！现在你们知道插嘴的讨厌了吧！以后妈妈在跟别人说话时，你们也不可以烦我哦！

这个例子好像举得很怪，但是……哈哈哈，就是故意要让孩子知道话题被打断的不舒服嘛！尤其还是个扫兴、不需要现在被处理的话题，才能让孩子感受到被硬是中断、导向不需要讨论的事情的感觉，真的不太好。

举手发问 Q 与 A：

Q：到底怎样才可以根除孩子插嘴的坏习惯

A：我必须坦白说，我觉得好像很难！无论我怎么做，孩子还是会插嘴（晕）。也许是我的方法还不够好？也许是孩子还不够有能力控制自己？

不过，孩子插嘴，也不见得是坏事哦！有研究指出，敢插嘴的孩子，其实比较勇敢、果断、思虑迅速。勇于发表不是坏事，只是需要引导说话的时机与内容，所以家长们不用担心，咱们一起慢慢努力，尊重孩子的意见，希望孩子们可以在耐心引导下，早日成为知书达礼的小绅士、小淑女！

听听专家怎么说　　　　　吴怡贤　临床心理专家

依据语文的发展历程，2 岁左右的孩子开始具备"轮流说话"的能力；3 岁左右的孩子会因为对方没有立即回应，而重复自己的话来引起注意，希望可以持续对话。

★孩子非说不可的可能原因

注意力分配能力有限："现在不说，我等一下就忘记了""一直想这件事情，让我不能专心玩，一定要先讲一下"。

较无法等待："现在说最好玩，等一下就不好玩了"。

较无法察言观色："听我讲一下应该还好""现在讲这个应该很有趣"。

获得关注："快说些什么，妈妈才会注意我"。

★不插嘴这么做

和孩子一起讨论明令禁止打扰的时光（例如，讲电话、用电脑工作、做菜等），以及可以听讲的时机（例如，挂电话、写完这一段、煮完这道菜）；请孩子把想到的事情先简单记录（可一起做笔记本），鼓励先做其他的事或派个小任务（先讲给别人听、看书、帮忙洗菜等）。

重视孩子提出的问题（即便是芝麻小事），但不一定要认真找出答案（例如，"这个问题很有趣，我也不知道，你觉得呢？"），大多的时候，孩子只是享受与父母对话的时光。

关注孩子的"正向行为"，例如，"刚刚妈妈讲电话的时候，你安静地等，我觉得很棒"，"你等我说完才说，我觉得很好"。

★借亲子游戏，让孩子学习"轮流说话"

·故事接龙

由一段小故事起头，轮流接故事，可天马行空地想象"有一个小女孩→掉到水里→捡到一个箱子，很小心地打开……"。

· 聊天大会

每个人说一段想说的事（可以是经验、观点或故事），听的时候不可以说话，轮到自己的时候可以尽情地说（1~3分钟），说完也可以出题目，考考大家有没有注意听。

孩子插嘴的行为，是成长中非常正常的现象，爸妈不需要过度反应；另一方面，教育孩子之余，别忘了回头检视自己，如果发现自己有这样的坏习惯，那就要从自身开始改变，亲子间互相帮助，互相成长！

五、说谎话

孩子真的会说谎吗？

天真的孩子开始用谎言掩饰自己的行为，是正常的吗？

家长在震惊之余，该怎么做，才是最好的处理方式？

小陆妈妈甘苦谈

我家两个小家伙，个性南辕北辙，姐姐乖巧理性，很少让我烦恼，妹妹则天性调皮，从宝宝时代就一副"流氓样"，不满1岁就会往地上吐口水、用宝宝语骂人，让人好气又好笑。

也因此，妹妹大约5岁时，开始有些偏差行为，例如："看到喜欢的东西，没有问过就拿走，事后也不肯承认""闯了小祸却假装不是自己做的""放学后回来抱怨同学欺负她，但实情是她欺负同学"之类小奸小恶的小谎言，有将近半年的时间，层出不穷地发生。

"说谎＝坏小孩"，是我内心深处的刻板印象。所以，当女儿第一次说谎时，我真的好惊讶，也好担心。一开始，我严格地指责"说谎"这个行为，不但会责骂、予以处罚，还会晓以大义告知孩子"谎言"有多么可怕、会造成人生多么严重的问题，但小女儿的行为并没有改变，甚至连大女儿都加入了"说谎"的行列。

我还记得大女儿人生的第一个谎言……

那天，我在墙角挤了一滴蚂蚁药，她看了也好奇想学，不小心挤了一大坨，然后被我发现。她竟然脸不红、气不喘地说是别人做的……我问了3次，她都坚决不承认是她。此时，我的内心受到强烈的冲击。为什么？为什么我的宝贝乖女儿，会变成说谎的孩子？我的教育出了什么问题？

妈妈宝贝小剧场

★想要孩子不说谎，父母先戒"说太多"

该说的都说了，为什么孩子还会这样？我忽然想到，会不会是我"说太多"？

仔细回想她们说谎的方式与内容，我发现孩子说谎其实有两大原因：一是怕被我骂；二是不想让我对她伤心失望。这两个原因，其实都不是恶意。

"怕被骂"，很正常，因为孩子并不是故意的，孩子的应变能力还不够，自己也不知道为什么会把事情搞成这样，所以情急之下只好说谎；

"怕我伤心失望"，则是因为孩子不希望在家长或别人心中的好形象破灭，所以用谎言来维持，但往往为了圆上一个小谎，就必须撒一个更大的谎。

我开始理解，原来要孩子不说谎，也许需要从大人自己的态度去改变——不用"责骂"的方式对待，建立孩子"勇敢面对""不需用说谎去掩饰"的安全感，才能从根本解决。

（一）发现孩子说谎时，绝对不骂孩子！

妈妈：请问谁刚刚拿了我桌上的 10 元钱？

宝贝：不是我。

妈妈：拿走 10 元钱的小宝贝只要诚实地交出来，可以得到妈妈一个大拥抱，加上等一下可以一起去逛商店。而且我承诺，我绝对、绝对、绝对不会骂她。

宝贝：（胆怯）……妈妈，是我拿的。

妈妈：没关系，宝贝，太棒了，谢谢你愿意诚实地告诉我，先来抱一个，我要紧紧拥抱最诚实的宝贝！

（一边拥抱，一边聊天。）

妈妈：宝贝，你拿 10 元钱是想买什么吗？

宝贝：没有啊，看到它放在桌上，就想拿。

妈妈：不然，我们来画一个"打工赚钱表"，扫地 10 元、叠衣服 15 元、洗鱼缸 20 元，以后只要你帮忙"打工"，就可以赚零用钱！然后我们等一下拿你赚到的零用钱，去逛超市买一样你想要的东西，好不好？

宝贝：（开心）好！

妈妈：妈妈知道你不是故意的，以后如果不小心做了什么错事，妈妈答应你，一定不会责骂，你可以勇敢地跟我分享，我们一起找出解决的办法，好吗？

宝贝：妈妈真的不会骂我吗？

妈妈：真的，我们一起拉钩钩、盖印章，妈妈不骂你，你也一定要老实跟妈妈说，好不好？

宝贝：好。

妈妈：没有什么事不能解决，我们一起分享，一起想办法，你就不会烦恼了！

自从有了这个体悟，孩子说谎时，我不再骂人，而是用温柔的态度、轻松幽默的话语，去找"出错"的原因，从源头寻找解决方式，并且一再强调："做错没关系。"

（二）发生什么事？别担心，我陪你一起解决！

孩子会说谎，一定有原因。找到一开始的起因，陪伴他一起解决，当孩子可以解决危机便不再需要说谎。

当然，年纪小的孩子很快就会告诉家长事发的经过，但随着孩子愈大，便愈不容易说出自己心底的秘密。此时，不用急着逼问孩子，只要让他知道"你不怪他，等他愿意的时候再分享"。别忘了，一段时间后记得再温柔关怀询问。也许孩子一开始会胆怯，但他发现你是真心要为他解决问题，孩子便会打开心房。

切记，年幼的孩子的烦恼本来就和大人不同，处理事情难免有瑕疵，很多问题在大人眼中看来很荒谬，但请不要讥笑孩子、批判孩子，用耐心、真心，陪伴与引导。久而久之，孩子会开始把家长当成最好的朋友。

（三）每个人都会犯错，"诚实面对"比说谎简单，由内改变！

当孩子的心里产生安全感，发现诚实面对的后果并不如想象可怕，他便不需要再说谎。在我改变对待孩子的方式，大约1年之后，很明显的，妹妹不再说谎了……

妹妹：妈妈，好讨厌哦！这支笔好烂，一下就坏了！

妈妈：是你弄坏的吗？

妹妹：一不小心就坏了！你可以不要生气吗？

妹妹：妈妈，我一不小心就把隔壁×××的发夹带回来了！怎么办？

妈妈：那明天带去还她，再写一张纸条跟她道歉说你是不小心的，顺便送她一块饼干，这样可以吗？

妹妹：我不要写啦！我偷偷把发夹放回去就好。

妈妈：我觉得写一下比较好，她才不会误会你故意偷拿！

妹妹：好吧，那你陪我写。

诸如此类，虽然还是很爱怪罪别人、不检讨自己的过错，但至少过去爱说谎的妹妹改变了，会想面对、解决自己造成的问题。对我来说，这就是进步，就是成长！我也很乐意原谅她，并当她咨询的对象，陪孩子一起解决问题。

★还有一种谎，叫作"我想变厉害"

孩子上小学后，很少说谎，不过我发现她们开始会"吹嘘"，这也是说谎的一种。

姐姐：我跑步是全班最快的！

妈妈的内心独白：明明跑得很慢……

妹妹：我今天是全班吃得最多的！

妈妈的内心独白：你明明最讨厌吃东西，今天还是全班最后一个吃完的！

姐姐：我的作业是全班第一个写完的！

妈妈的内心独白：刚刚检查时明明还有两篇没写……

妹妹：我是图书馆这个月借最多书的人！

妈妈的内心独白：你明明就超讨厌看书，借了都没看……

这些"谎"，是为了获得夸奖，也代表内心期盼获肯定。

这状况对我来说，还蛮严重的，因为这代表孩子内心的价值观有些问题，太过重视表面的成就。不过当下我只是微笑以对（当然，我的内心独白，也只放在心里想想，千万不能说出来"吐槽"孩子，免得造成反效果），并试着改善这个状况。

我的处理方式是"多夸奖"，什么小事都可以夸奖：认真写作业很棒，认真洗澡很棒，帮忙整理桌子很棒，多喝水很棒，笑容很可爱、很棒……但不要求孩子要争第一、争最好，让孩子知道，生活中最重要的是"态度"，"用心"就足够，重视"过程"而不是"结果"。

举手发问 Q 与 A：

Q：孩子说谎，真的不好吗

A：好像不是完全不好哦！据多伦多大学儿童研究所的研究指出："老实的孩子非常少"，更有研究证明："孩子越小会撒谎，表示执行力越强，长大了当上管理层的机会就越高。"不过，我不期待女儿当管理层，只希望她们做个堂堂正正的人，所以我还是会尽量以温和的方法要求孩子不说谎。

Q：那大人可以说善意的谎言吗

A：尽量不要！常常有父母会说"你乖乖吃完，就带你去玩""你如何如何，我就如何如何"……但最后却没有做到！许诺成了谎言，让孩子觉得"大人可以轻易说谎，那我也可以"。记住，身教超级重要！

听听专家怎么说

吴怡贤　临床心理专家

处理说谎的议题，家长通常要有"福尔摩斯"等级的推理能力，除非有十足的把握知道事件的经过，否则就要使用"无罪推定原则"，避免让孩子落入"被误会"的无助中。

用轻松聊天的方式，引导孩子说出事件，了解细节（技巧：人、事、时、地、物），指出不合理处，例如"玩具是昨天同学送的吗？哪一个同学呢？在哪里送你的？他怎么知道你想要这个？给你没关系吗？他有没有问过爸爸妈妈……"，若孩子刻意隐瞒，在这个阶段通常会很紧张，"可能被知道了"，让孩子有心理准备，有机会考虑要不要说实话。

在知道真相的前提下，建议可以用"假设"的方式，说出事情经过，例如"会不会是太喜欢了，先拿了，没有跟同学说，要还回去又觉得怪怪的，不知道怎么还"。当孩子的心情被说出时，反而会有松一口气的感觉，同时也会了解父母的睿智不容小觑，体会到"法网恢恢，疏而不漏"的概念。

承诺说出事实，不会被严厉处罚，例如"我知道有些事情你不敢讲，因为怕被骂，现在讲出来不会骂，因为承认错误是很有勇气的行为，但如果妈妈、爸爸自己发现，会因为你没有说实话，觉得很难过又生气"，有助于降低孩子因为害怕被骂而说谎的行为。

如果孩子仍想继续逃避，建议采取可验证说词的行动，让孩子理解没有侥幸空间，例如"我来谢谢同学，我帮你问问他父母有没有答应"。

提供适当处理的方式，并鼓励孩子执行，例如"明天拿去还同学，跟他道歉"，以及询问可以帮他什么，共同面对难题，例如陪他还。

在平时，家长就要特别注意自己的言行，将"礼仪教养"成为潜移默化的"生活习惯"，重视说话的艺术，让孩子在日常生活中，诚实面对自己，理解"做错事很正常，不用说谎没关系"，进而成为一个诚实、有礼、讨人喜欢的人。

Chapter 3 "失控系列"

无理取闹的臭小孩！该怎么办？

好啊，好啊，你们就尽情地做自己吧！

小陆妈妈的烦恼

歇斯底里、无理取闹的孩子，简直就像一个迷你小台风，威力强大！

当孩子的要求无法被满足，引发恐怖的牛脾气的时刻；

当家长好话说尽还是有理说不清，好言相劝仍然不乖不停不听的时候，真的会怀疑自己是不是生了一只听不懂人话的小动物？

其实当孩子无理取闹时，正是他最需要被帮助的时候。因为他的要求没有被满足，却找不到方法处理，只好胡闹来试图解决。

我们要帮助孩子的是找出问题的根源，明白无理取闹不是解决问题的方法。

所以，家长不但不能妥协，更需要给孩子稳定的力量，引导他们从根本解决情绪、解决问题。

情绪管理本来就不是容易的事，就让我们和孩子一起来想办法，一起加油！

一、闹别扭

什么都不好！掉头转身就走！臭脾气、臭脸，不回答！

有时候，孩子的牛脾气一上来，谁也管不住，遇到这种状况，是该在孩子别扭时想办法处理他的情绪，还是袖手旁观，等孩子冷静？

小陆妈妈甘苦谈

宝贝：妈妈！我想要吃洋芋片！

妈妈：可是我们准备要吃晚餐了，现在不能吃零食哦！

宝贝：我要吃零食！我现在就要吃，否则我也不要吃晚餐了！

这种任性又别扭的情况，你家曾经发生过吗？面对孩子突如其来的坏脾气，想不生气，真的很难。我们家这对小姐妹，个性好的时候很好，但偶尔忽然哪根筋不对，执拗起来的时候，也实在是很令人头疼。

每个孩子闹别扭的"点"都不同，男孩子与女孩子闹别扭的方式也不一样，有人说，这种情况随着孩子长大会愈来愈好，但也有相反论调表示，年纪渐长会愈来愈严重，我觉得问题可能是出在家长处理的态度哦！

我家的孩子，从一两岁就开始闹别扭，尤其是失控小妹，有段时间超任性、超爱抢东西。不顺她的意，就崩溃吵闹，在地板滚动发怒，拉扯自己的脸和头发自虐，面壁哭泣……各种各样的别扭花招样样令人瞠目结舌。而冷静的姐姐则是使用"摆臭脸"的"冷战"招式，常常一个人躲在角落，问她怎么了，就臭着脸"哼！"一声，故意不答，愈问愈别扭，弄到妈妈我有时也跟着火了起来。

还好，在入了小学之后，两个小家伙愈来愈能沟通，渐渐转变为理性的小少女，什么事几乎都可以相互交流。除了年龄让孩子成熟，我想这和"不放任"的态度也有关。

妈妈宝贝小剧场

"会吵的孩子有糖吃"——这件事，在我家是不可能发生的！习惯了这种惯性，孩子的"公主病""王子病"就会愈来愈严重。我处理孩子闹别扭的原则只有一个："愈吵，就愈没有。好好说，什么都有机会。"

其实，只要学会能够控制自己，不用情绪勒索而是用理性沟通的方式，孩子就会愈来愈懂得表达自我，不易有太失控的情绪起伏，相对花在生闷气、不快乐的时间也就变少，性格可能会比较开朗、好相处。

★先用旁观者的角度观察别扭中的孩子

小女生闹别扭，有如吃饭、呼吸一样自然，但天天看也会腻，所以家长应该先调适自己的心情。下面来分享我的别扭应对良方。

宝贝：*我要看电视！我要玩平板，否则我就什么都不做！*

（宝贝一边闹个不休，一边偷看妈妈，这时妈妈"不能"靠过去关心。继续做自己的事，并且远远观察。）

妈妈的内心独白：*你看，又在演了！今天不知道要演哪部，是短剧还是连续剧？且让我们继续看下去……*

当孩子生气，硬要劝他、改变他，不但效果不好，也容易让家长动怒。我喜欢的方式是："先不劝告，离孩子一小段距离，用看戏的方式看待孩子在无理取闹什么。"如此一来，可以跳出那个令人生气的循环之外，理解孩子到底为什么生气，孩子怎样扮演一个生气又别扭的角色。静下心来观赏，会发现孩子多半在"演"，演技也不错呢！虽然这么说很抱歉，但每次我都觉得因为小事而气鼓鼓，用各种肢体语言加强自己的"愤怒感"的孩子好笑又可爱！

不过要特别记住，这只是家长调适自己心情的方法，是不能说的秘密！切忌在孩子面前真的把心里的"潜台词"说出来，切忌讥笑孩子"你好会演哦！""再演啊！"绝对别说哦！这些话会大大激怒孩子，得到反效果。

★帮孩子的问题拟人化、卡通化，用幽默感解决冲突

当我们观察孩子的动作，孩子也在观察我们的反应。孩子愤怒、别扭是希望自己的要求可以获得解决，没有人想一直生气，而父母如果不能顺从孩子无理的要求，就要用"转化"的方式帮孩子的情绪找出口。

我最喜欢的方式是：把责任归咎给孩子的生肖，让他知道"虽然是自己的问题，但不是自己的问题"，用另一种角度控制自己、缓解僵持的情绪。

"是自己的问题，但不是自己的问题？"这是什么绕口令？我是这么做的：

宝贝：（续上场）我要看电视！我要玩平板！我要玩游戏，否则我不理你！

妈妈：宝贝，快点，你身体里那只小牛的牛脾气又犯了！快管管它，跟它说，现在不是看电视的时候，你的拼图还没拼完呢！

宝贝：我不要拼图！我要看电视！

妈妈：小牛好胡闹啊！好爱生气……你有办法请小牛先等一等吗？牛脾气凶巴巴……妈妈好希望小牛快点冷静下来，把我可爱的乖宝贝还给我！

如果孩子不属牛怎么办？没问题，重点是找个动物转化，所以可以替换成孩子的生肖，最好加上一点生肖动物的特色！

妈妈：宝贝，你看你身体里的小鸡又在吱吱叫了！可以请它冷静一下吗？要怎么做可以让它冷静？吃一把早餐麦片可以吗？

或者……

110

妈妈：哇哇！你身体里的小蛇是不是打结了？一直生气，要怎么把小蛇的结给解开呢？我要赶快把结打开，找回我的乖宝贝……

孩子都喜欢小动物，让孩子觉得是自己体内有只调皮的小动物在作怪，他会出现一点点的兴趣，觉得自己有责任管管它，转化当下激动的情绪、找到一个抒发的出口。

善用戏剧扮演的方式，让孩子知道问题，却好像不是自己挨骂、受制止，反而进入一个戏剧扮演的情境："我是老大！我要控制我体内作怪的小动物！"让孩子体会"自己有能力掌握制止的权利"。此时父母要耐心、发挥幽默感，用搞笑的言语转移孩子原本的情绪，请他开始控制内心的捣蛋鬼，这和直指孩子本身的问题不同，孩子的自尊心不会受挫。

妈妈：宝贝，问题不是你造成的！是住在你身体内那个小麻烦造成的！管管它吧！

一段时间下来，小女儿变得很能开玩笑。

妈妈：你又牛脾气了！

宝贝：没办法，我身体里的牛很不乖嘛！

妈妈：你可以劝劝它吗？

宝贝：我尽量……

当大女儿把东西弄得乱七八糟，要她整理又摆臭脸时，我也会开玩笑：

妈妈：你看，你的小老鼠又把东西丢得到处都是！像老鼠钻洞一样弄得乱七八糟！

（妈妈批评宝贝，但又不是真的责怪，不满意的对象是小老鼠而不是孩子。）

宝贝：老鼠就是爱乱七八糟嘛！

（但回嘴之后，孩子开始慢慢动手整理。）

家长可以发挥想象力，在亲子关系紧绷时，用轻松的话语给孩子台阶下，化解亲子之间可能的冲突。其实孩子也正在等待这适时的辅助，让他们想和解却不好意思的别扭情绪回归正常呢！

★喜怒哀乐的表情练习

有时候，孩子臭着一张脸，我也会故意演一下她的样子给她看："挤眉弄眼做出丑苦瓜的表情"，板着脸的孩子就扑哧一声笑了。

表情的扮演，也是化解别扭情绪的良方。当你做一个"臭脸""嘟嘟脸"的丑表情，再扮演一个"笑眯眯脸"，不但能让孩子大笑不止，也会让他们知道臭脸有多丑。

通常我自己做完表情变化，我也会请孩子演个臭脸给我看，从臭脸再转变到喜、怒、哀、乐各式表情，一个口令一个动作，是很好玩的小游戏哦！久了之后，当孩子摆臭脸，家长一喊"变笑脸""变猪脸""变苦瓜脸"……孩子可能就会笑起来，用轻松幽默的气氛赶走不好的情绪。

"表情练习"不但好玩，更可以培养亲子之间的默契，当家长与孩子感情愈来愈好，闹别扭的时间也会愈来愈少。

没有孩子不闹别扭，看到孩子愿意克制、转化自己别扭的情绪，其实就是令父母感动的时刻。所以，当孩子走出情绪时，不要吝于拥抱与夸奖，当孩子从臭脸变笑脸时，请大方告诉他，他的微笑有多可爱。

举手发问 Q&A：

Q：好说歹说，孩子就是摆臭脸、闹别扭，我也不想讨好他，怎么办

A：不要勉强自己，让彼此冷静一下吧！但是……别忘了，检查一下现在的自己是不是也正在对孩子闹别扭呢？亲子关系是互相的，自己有没有控制好自己的情绪呢？愿意的时候，退一步！比起两人比赛谁可以别扭比较久，不如来个扎扎实实的拥抱。抱着孩子，理性地分析状况，让孩子学会好好说，别用别扭的态度来解决问题。

听听专家怎么说 　　　　　　吴怡贤　临床心理专家

依据情绪发展理论，新生儿就能经历愉悦与不舒服的情绪，在八九个月大时能表达所有的基本情绪，但情绪调节能力要历经整个儿童期及青少年期，才能趋近成熟。

★情绪调节这么做：

·鼓励孩子说出情绪

我们要鼓励孩子说出自己的情绪，才能从旁协助。当孩子在闹别扭，或根本不知道自己怎么了，家长可用"猜"的方式，帮助孩子觉察情绪；即使猜错了，也能让孩子感受到家长关注他的情绪，例如，"你现在不想说，我来猜猜看，我猜错了你跟我说""是不是妈妈不让你玩平板，你觉得生气？"

· 情绪除罪化

有些孩子会因为出现负面情绪，而觉得自己不好，反而更加深情绪的循环，"气自己又生气""我就是一个爱生气的人"。我们可让孩子知道，每一种情绪都有它的功能，我们不能阻止它们来，但可以跟它们和平共处。小一点的孩子可以鼓励他为情绪命名，例如"阿牛"，阿牛出现的时候会让我不想讲话，有什么方法可以让阿牛坐一坐，然后就离开了。

· 转移注意力

小一点的孩子通常会"气到不知道自己在气什么"，这时候较好的处理方式就是协助孩子离开引发情绪的情境，例如，到外面走走、看一段有趣的影片，协助孩子冷静下来；大一点的孩子，则可鼓励他从事可冷静的活动，例如抱抱自己喜欢的玩偶、吃一点小点心、玩拼图、画画等。

· 讨论情绪

当孩子情绪已经平静时，引导孩子说出整个情绪的历程，并肯定孩子，例如"妈妈不让我玩平板，我觉得很生气，不想讲话，后来我把生气的事情画一画，心情就比较好了"。情绪调节的成功经验，会让孩子更有信心处理自己的情绪，提高情绪调节的能力。

> 基本上，对于孩子闹别扭，我倒是很看得开，常告诉自己别在意，一笑置之，轻松看待孩子的情绪，毕竟别扭人人会闹，妈妈这辈子闹别扭的经验比你们丰富多了！用幽默的方式解决，会比互相硬碰硬好很多哦！

二、爱哭鬼

哭哭哭哭哭！

整天都在哭！什么事都可以哭！

如果是婴儿也就算了，都长这么大了，有什么好哭的？

再哭下去，妈妈也跟着想哭了！

小陆妈妈甘苦谈

宝宝一出生，第一件事是什么？

当然就是"哭"！

肚子饿了，第一件事是什么？

当然还是"哭"！

尿不湿、想睡觉、没人陪、心情不好……所有的情绪，都会导引到唯一一个动作——"哭"！

为人父母，真是辛苦！

宝宝时代，孩子还不会说话，所有的情绪全以哭闹表达，是新手父母的噩梦期，好不容易长到幼儿时期，以为自己终于要轻松一下了，但……

2岁后哭闹的时间虽然减少，却有更多情绪、要求，没被安抚到，哭声还是一发不可收拾。

4岁以后，理解的事物愈多，"手段"也愈多，懂得用"哭"来威胁家长就范，天啊！到底何时才能解脱？

只能说，父母真的很难做。

我觉得，只有坚持原则，不间断、耐心地陪伴与教育，才能改善孩子爱哭的习惯。

要0岁到4岁之间的孩子不以"哭"来传递情绪，实在不容易。以我们家的小姐妹为例，姐姐哭的原因多是受委屈，被爸爸戏弄，被妹妹欺负，被妈妈责骂，世界上有太多委屈值得哭泣；妹妹则大多因为要求未果，想用哭闹换取大人的妥协。

一开始，我对孩子的哭闹也束手无策。说真的我很不喜欢哄孩子，要我整天抱着哄着，真有点做不到！可是置之不理，孩子又真的可以哭个几十分钟，这样下去不是办法，只好努力研拟出一套改变孩子乱哭的对策。

终于，孩子上小学后，不再用"哭"来情绪勒索了。现在受委屈、有要求，都会抱住我好好说，这就是很棒的进步。

妈妈宝贝小剧场

★首先厘清孩子为什么哭，对症下药的处理

"生理不舒服"的哭，例如饿了、渴了、累了、病了，可以借由家长的观察，帮孩子寻找比较好的解决方式。若是生理不舒服，要温柔地帮孩子处理，这不是孩子的错，他们真的需要大人的协助。

"心里不舒服"的哭，也要找出原因：是因为受委屈、受欺负了吗？若是，那可以给孩子拥抱、陪伴，帮助解决受委屈的问题，舒缓孩子难过的情绪。

但若是因为想获取大人注意，用哭来威逼大人重视他的要求，这就必须审慎的面对，绝不能轻易妥协。

最麻烦的"哭"，就是孩子养成"用哭来要挟父母"的坏习惯。

反正我哭，就可以得到！

反正我哭，大人就会注意我！

反正我不想做的事，只要哭就可以不用做！

反正我只要哭，大人就会满足我所有的需求！

这……实在太可怕了！

有人会说，有些孩子是因为性格内向、易感易怒，无法适应环境的变化，所以很容易有哭的情绪产生，甚至说："我的孩子就是爱哭！"

我相信有的孩子本性爱哭，但我也相信这可以被改变。我们家小女儿自小就是个敏感的孩子，爱哭爱闹，但我发现，只要找出根本原因对症下药，而不是敷衍了事，情况会有明确的改善。

★发现孩子停不下来，要"刚柔并济"地给予帮助

继续偷偷说妹妹的坏话（笑）。

有段时间我发现妹妹好像有情绪上的问题，无法控制自己，只要大哭大闹起来，怎么开玩笑、温柔对待都无法解决她崩溃的情绪，此时，唯一让她停下来听我说话的办法就是严格（甚至是凶恶）地告诉她："停下来！"

当我数到5，请停止哭泣，否则妈妈要生气了。

直视着孩子的眼睛，严格、冷静地说，让她感受到你的认真，她反而可以从崩溃的情绪中跳出。

"严厉制止和温柔拥抱"，就是当孩子哭泣的程度已超过容忍范围时的非常处置方式。

我发现，当孩子无法控制自己时，必须帮他控制自己，否则孩子与家长都会陷在痛苦的循环中。

我会很严厉地说"当我数到5，停下来！不要哭！"，若5秒后孩子还哭，在公共场合，我会把她带到户外，避免影响到别人；在家里，我会请她去厕所哭，因为我们没必要忍受她的哭声。然后告诉她，等她不哭，我们就可以好好谈。

用很凶的态度，制止孩子的失控，请孩子先憋住自己爆发的情绪。

等孩子一停止哭泣，立刻拥抱。绝非是凶恶完就置之不理，而是等哭泣一停止，立刻非常温柔地拥抱孩子，告诉孩子，谢谢他停下来，让我们休息一下，陪他好好说。

这个方式是想让孩子知道：

"你哭泣，我只会更凶，而且得不到你要的！你好好说，我会爱你，抱你，倾听你，解决你的问题，满足你的需求。"

家长自己的分界要处理得很清楚，严厉与温柔之间的拿捏要让孩子知道"家长是爱我的"。几次下来，孩子不再大哭了，因为知道哭并没有用，哭可以发泄情绪，但很快会冷静下来，跟家长描述事情的经过、解决问题。

★避免变成孩子哭闹的帮凶

常常看到父母在孩子哭时，冲过来说"哎哟好可怜，惜惜，不哭哦！哭得好惨，舍不得哦……"这些话，有助于孩子停止哭泣吗？不但没有，还会促使孩子更伤心，哭得更惨烈。

另外，有的家长则是无心造成孩子的伤害，例如：孩子看动画片看到一半，家长要请他去写作业或做正事，就毫不留情地关掉电视；孩子正在玩的玩具，别的孩子想玩，就毫不客气地抢走玩具给别人……这些状况都是大人仗着自己的权势就不顾孩子小小心灵的感受，这么一来，孩子当然会委屈想哭。

别助长孩子哭泣的情绪，别威逼孩子就范。凡事沟通，耐心引导，孩子会慢慢知道，哭泣不是武器，只是一时的情绪，哭完，还是笑眯眯的，比较开心。

举手发问 Q 与 A：

Q：长辈的"有哭必应"，让孩子养成以哭要挟的习惯，怎么办

A：若家中有不同的教育理念，一定要沟通哦！长辈疼孩子是天经地义的，所以我们都能体谅长辈的心情，但是如果"有哭必应"的习惯养成，孩子就容易不讲理，对未来身心发展也会造成影响。应该用礼貌

且客气的态度，耐心向长辈解释：

1. 把根本的问题处理好，孩子就不需要哭，等孩子哭才关心，孩子就会养成哭的习惯。当孩子说出要求时就该正视、不敷衍孩子，孩子哭时反而不能理他。

2. 孩子哭闹时，坚持不抱、不安慰、不顺应他的要求，停止哭泣才回应他。几次之后孩子会了解哭闹是没有用的，大家都轻松！

听听专家怎么说　　　　　　　　　　　吴怡贤　临床心理专家

孩子的第一个哭声，通常都是伴随父母的喜悦，当还不会讲话的时候，婴儿的哭泣代表着各种情绪与需求，随着语言的发展，我们会发展出更多更有效率的方式来取代哭泣的沟通方式。

★擦干眼泪这么做

·接纳、不宠溺

家长同时接纳孩子"好"与"不好"的部分，孩子也学会接纳自己的每一种样貌，增强孩子的情绪调节力及正向的自我概念（"我遇到不顺心的事就会想哭，但我可以处理"，而非"我就是一个爱哭的人，没有办法控制"）。当孩子在哭泣的时候，与其立即满足他的需求，不如跟他说"我知道你因为（事件）……觉得生气、难过，所以想哭，我会等你哭完，再听听你想要什么"，效果来得更好。

·冷静、不冷漠

当孩子在哭闹不休的时候，家长的愤怒情绪会让整个家庭气氛如森林大火，只有烧光了整片森林才会停下（家长骂累了，孩子哭累了），若不能在星星之火时及时扑灭，那么开一条防火道便是个好方法。当孩子在哭闹时，将孩子带到不会打扰到他人的地方，家长可以继续做自己的事（阅读、工作、家务、看电影），告诉孩子"等你哭完，我再听你说"，当孩子哭声小一点，可以过去拍拍他"好一点了吗"，若哭声转小就给个拥抱；若反而更大声，则继续做自己的事。对小一点的孩子来说，建议不要离开孩子的视线，否则会让孩子感到"他们不要我了"，反而更紧张害怕。

孩子有哭的权利，当他想哭时，让他哭一下，发泄一下情绪也很好。

若孩子哭，是因为真的难过，一定要处理孩子的委屈、解决孩子的心结，孩子才会信任你、喜欢你，把父母当成可信赖的知心朋友。

同时，家长要检视自己，是不是常常忽略孩子呢？当他有需要时就要试着倾听、解决，不要等负面情绪累积到必须哭泣时才处理。

帮孩子建立信心让孩子知道"不用哭，他仍可以得到"，用正确的方式表达需求。

处理孩子哭泣的方式无论"严厉"或"温柔"，都出自"爱"，请不要吝啬说出自己对孩子的爱！

三、人来疯

平常在家乖巧可爱，为什么一有客人来，或到外面参加聚会，孩子就变了样？

在客人面前，孩子为什么会特别失控？

小陆妈妈甘苦谈

"人来疯"，是指在外人面前，孩子忽然会性情大变的奇妙状况。例如，平时斯文安静的孩子，在公共场合或家里有客人的时候，忽然变得又吵又闹，怎么劝说都不听，一直想引起别人的注意；或者，平时守礼的孩子，一旦在外聚会和朋友在一起玩时忽然不听父母的话，变得调皮、无礼，玩疯了……原本自己熟悉的那个乖巧宝贝，忽然变一个人。

年幼的孩子或多或少都会有这样的情况，在 2 岁到 6 岁期间尤其严重。我们家小姐妹"人来疯"是没有严重到太夸张，但是也足以让我烦心。

★通常她们的"症状"会出现在两种时刻

（一）家里来了非常温和、个性亲切的客人

客人对孩子愈亲切、愈会陪孩子玩，孩子就容易开始没大没小，因为喜欢，因为觉得客人很好，就想骑到客人的头上，缠着客人陪她们玩。等家长与客人开始聊天后，客人不再理她们，孩子就会用各种奇怪的行径试图引起客人注意，除了故意制造声响、妨碍客人与别人互动外，还曾发生拉客人的头发、讲一些伤人的言语引发关注之类令我火冒三丈的行为。

（二）年龄相仿的好友玩伴久久相见一次

每次久未碰面的朋友相见，孩子们就会玩到完全忘记规矩。一个巴掌拍不响，但是很多个巴掌同时聚在一起，就可以拍到响彻云霄，吵得不得了！玩耍过程中发生的各种噪音、冲突、失控状况也就算了，最麻烦的尤其在"说再见"的分离时刻，孩子们往往舍不得分别，有的大吵大闹不要回家，有的十八相送崩溃哭泣，弄得小孩一把鼻涕一把眼泪，大人束手无策。

"人来疯"不只人前麻烦，回家后还有后遗症。当曲终人散，回到安静的家，孩子却容易情绪激动、唱反调、睡不着，夜晚睡觉也很不安稳，哭着惊醒、夜半尖叫都时常发生，真的很恼人！

妈妈宝贝小剧场

★给孩子们有趣的任务

孩子本来就喜欢热闹的环境，且2到6岁的孩子都非常活泼好动，一旦开心，就很容易玩过头，无法控制自己，这是很正常的行为表现。那么如何引导孩子让"过嗨"的情绪找到更有意义的抒发方式？

小陆妈妈的小妙招是：当孩子过度激动时，转移他们过剩的精力——让他们用"过家家式的扮演"消耗多余的精力，同时也可以达到他们"引人注意"的目的。

（当家长聚精会神看着球赛转播时，一群小孩跑到电视前吵闹……）

宝贝：啦啦啦！我是金牌棒球选手！我来扭屁股给大家看！

妈妈：宝贝，你们挡到大家咯！可以请你们先到旁边吗？

宝贝：不要！干吗看电视里的人，看我就好！金牌选手，打击出去！

（孩子兴奋地拿棒子与纸球乱丢乱打，试图模仿打击者。）

妈妈：宝贝，你这么做，一定会被裁判说犯规，因为动作不标准，看起来好弱哦！我觉得你和朋友们可以成立一个小棒球队，把动作练好一点，找一个投手、一个捕手，你担任打击者，再安排几个啦啦队帮你拿旗子加油……这样就像真正的棒球选手了！

（家长可以起身分配任务。）

妈妈：请问谁要当啦啦队员，负责画加油旗？谁要当棒球队长，负责分配任务？谁要当裁判，负责检查大家的任务有没有完成？

（帮孩子们分配责任，并约定何时看成果发表，在准备好成果以前，请在某个空间练习，不可以曝光，也不可以一直在大人面前胡闹。）

妈妈：加油哦！等你们都练习好了，可以先彼此表演看看，再来给大人欣赏！

每次聚会中孩子太疯狂，或故意在大人面前吵闹，我大多会挺身而出去维持秩序、派点好玩的活动，如：做海报、画画、组织表演活动，或请孩子安排一段表演等，约定一个时间（如半小时后）成果发表。过程中孩子有问题也协助解决。

★让孩子有表现的空间

我会明白地告诉孩子，完整的表演，大家将很乐意欣赏。如果只是胡闹，那大人会不喜欢，也不会觉得他厉害。大人在与孩子做约定时宜用"亲切但威严、不随便"的态度，让孩子正视大人的要求，知道不是开玩笑。

还有一点很重要的是，如果孩子们真的准备好了表演，无论表演得好坏，大人都要认真欣赏，并给予掌声哦！

这样的约定，孩子一开始不一定会乖乖配合，但经过大人坚定认真的引导，孩子会进入"有目的"的游戏状态，我的女儿们已经习惯这种"游戏规则"，也会主动邀约聚会时的同伴们完成任务，说真的，当大人愿意引导孩子玩乐的方向，孩子也会很开心呢！

★不在人前让孩子被过度批评或注意

有的孩子在人前吵闹是为了吸引大家的目光，所以他不一定会怕父母在人前的责备，甚至还觉得"没错，我就是要你注意我！"宁可被骂、被罚，不想被冷落。

这样的想法，有时候是因为父母长期的忽略所造成，所以，要关怀孩子的心情。是否平时缺乏陪伴？孩子是否太寂寞？家长可以怎么帮他？适度而理性的制止，让孩子拥有自制力，却又不失去自尊心。

★回家后一定要分析问题，让孩子理解家长的心情

情绪冷静下来后，别忘了跟孩子沟通。

可以先聊聊：今天哪些行为表现得很好？先给予鼓励，告诉他大家都喜欢他。再继续检讨：今天哪些行为让别人不开心？未来可以如何改进？怎么做更好？

良好充分的沟通，可以调整情绪的震荡，有效减缓"人来疯"症头，也让孩子感受到家长的尊重与重视。

举手发问 Q 与 A：

Q：孩子玩太疯，不肯回家怎么办

A：出门前先跟孩子讲好要回家的时间，并练习说再见。若能遵守约定回家的时间，那以后可以再见面玩耍；若耍赖，下次则不能再一起玩。事先约定，孩子的小小心灵比较能接受。该回家的时候，不欺骗、不要硬拉，而是看着孩子的眼睛，微笑地告诉他，"约定好要回家的时间到了！我们下次还会和玩伴再见，也会再来玩，今天要遵守约定哦！"也许孩子还是会哭泣，就让他哭，同时给予他温柔坚定的拥抱，让他练习分离，也知道你会陪伴着他，他并不孤单。

听听专家怎么说

　　孩子通过游戏来认识自己、调节情绪、展现创意、与人交际……1岁的孩子通常独自游戏，会注意别人在玩什么，但少有互动；2岁以上的孩子有较多的合作游戏，追逐、躲猫猫、过家家等互动方式成为游戏主流。随着孩子的体能及活动量增加，游戏的内容越来越不是大人们可以掌控的了，所以要常常注意孩子们是否有危险、游戏内容是否恰当或处理擦枪走火的场景。

★陪伴游戏这么做

·扮演同学

　　我们会鼓励家长每天都可拨出一小段时间（10~30分钟），陪伴孩子做游戏，游戏时掌握"不主导、不指导、不发问"的原则，仅是仔细观察孩子的游戏内容，以及孩子希望我们怎么互动（帮他扶着积木、扮演小婴儿），有助于增加正向亲子关系。

·扮演老师

　　为孩子创造适当的游戏、社交情境，教导、示范适当的互动方式。例如，和社区的孩子一起玩水枪大战，大战前要先说明规则（不能射眼睛，别人说投降的时候就不可以再攻击），让孩子学习适当的游戏规范。

·扮演警察

　　随时注意孩子是否暴露在危险情境中，或行为不适当（例如，孩子拿着树枝在追逐、声音及行为干扰他人），适时给予协助与指正。若孩子过于兴奋，可先停下孩子的动作，让他喝水或吃点心，休息一下再继续玩。在开始玩之前，请他先说出要注意的事情，如果违反约定，就会请他再休息一下。

·扮演法官

建议使用"停想选做修"五步骤来协助孩子们解决游戏时的纷争。

（1）"停！"大家都先停下来，看看发生了什么事情。

（2）"想！"想一想有什么解决的方法，可以多想几个。

（3）"选！"大家投票选一个最好的办法。

（4）"做！"做做看，行得通吗？

（5）"修！"效果不好，再修改一下。

孩子爱玩是天性，"人来疯"再正常不过。随着年纪渐长，孩子很快就知道如何控制自己的情绪，通常上小学后，玩太疯、太失控、夜晚惊醒哭泣的状况都会改善，父母不需要有太大的压力，这些过程其实也都是孩子学习与人相处的重要经历呢！

Chapter4 "妈宝系列"
孩子太依赖家长！该怎么办？

拜托我的宝贝，可以让妈妈喘口气吗？

有爱的家庭

30 年后……

错误的家庭

小陆妈妈的烦恼

宝贝愿意甜甜蜜蜜地黏着爸妈，是最值得珍惜、最美好的亲子时光。看着宝贝童稚的脸庞，回想从孩子出生长大的点点滴滴，常常希望时光就这样停留，能一直把孩子抱在怀里呵护。

但是，如果真的到了孩子该上学、该独立的年纪，却还总是凡事要爸爸陪、要妈妈帮忙，像无尾熊抱紧树干一样紧紧地黏住父母，就会令家长有些担心与疲惫了。

如何让孩子成为一个独立的个体，是为人父母的一个重要课题。

如何养成？如何放手？如何让孩子拥有独当一面的人格特质，培养独立思考与判断的能力？

这并不容易，可是，只要用心，用爱陪伴与关怀，孩子的过度依赖，一定可以慢慢地调整与转变。

一、什么事都要妈妈帮忙

想当年，妈妈也是被捧在手心的掌上明珠，为什么肚子里蹦出个娃以后，地位瞬间一落千丈？

什么都要帮，什么都要做，妈妈不是佣人啊！

小陆妈妈甘苦谈

真的，当妈妈之后，才知道妈妈的辛苦。以前不理解也无法想象妈妈要做多少事，我的母亲也不是爱抱怨自己多忙的那种性格（或者是妈妈抱怨，我也当耳边风没听见），因此觉得妈妈整天忙得团团转，没什么了不起。每次缺什么、需要什么，理所当然地呼唤妈妈……"妈妈，今天早餐吃什么？""妈妈，衣服为什么没洗？""妈妈，我的地板很脏，你多久没拖地了？""妈妈，你今天为什么这么晚来接我？""妈妈，等一下帮我送忘记带的课本来学校。"诸如此类"恶女儿"的命令，讲得理直气壮。

直到自己当了母亲，还是个要在家边工作边照顾小孩的"全职工作妈妈"，才体会到"妈妈的坚强"真的是被有小孩后的生活历练给"磨"出来的！妈妈真伟大，以前的自己真是太烦人了！当然啦，我的孩子还没有这一层体悟。所以，在一边感叹的同时，一边还要赶快去处理哇哇叫妈妈的孩子，"好啦！等一下！妈妈来了！"

1岁以前的孩子，还不太会呼唤妈妈，但母亲天生的母性免不了24小时待命，把屎把尿，供吃供喝。1岁以后的孩子，看似可以略独立一些，其实不然……

他们更加依赖母亲！整天妈妈长、妈妈短，什么事都要妈妈帮忙，如果妈妈不在或无法及时处理孩子的要求，常常会以世界末日来临的崩溃方式哭闹，真的是快把妈妈们给逼疯了。

运气好的妈妈，能遇到喜欢黏住"前世情人"的孩子——"比较喜欢爸爸的陪伴"，如果是这样，只能说真的很幸运。我家女儿们跟爸爸前世应该是"情敌"而不是情人……每次被爸爸抱、跟爸爸独处，女儿们就一定被惹得哇哇大哭，妈妈我真是有苦难言。

女孩的依赖心本来就重，我又有点宠她们，导致从婴儿、幼儿，进入儿童期，女儿总是找机会缠住赖住妈妈。最夸张的行径，我现在要爆料！（虽然她们长大一定会恨我，可是因为太荒谬，所以我一定要说！）那就是……一直到小学一年级，我还要帮女儿擦屁股！可不是做坏事要去收拾残局的"擦屁股",而是真的上完厕所后的擦屁股！

怎么会这样呢？因为女儿们一直嫌"自己擦屁股手会脏"，所以要妈妈代劳。这是哪门子道理？而且如果我拒绝或推托，她俩就会坐在马桶上不起来，书都看两本了还黏在马桶上，直到我受不了屈服为止⋯⋯（为什么妈妈就是这么倒霉？）

有一天，当我洗碗洗到一半，被女儿逼着擦屁股时，我一边洗着手，一边万念俱灰地想："我难道就要这样一辈子当佣人吗？"

不！我一定要改变！

该怎么改变？其实我很清楚，只是知易行难。该做的就是⋯⋯明确告诉孩子："请你自己做。"

妈妈宝贝小剧场

★因为爱，舍不得放手；因为爱，请逼自己放手

为什么我愿意任孩子使唤，孩子呼唤就有求必应？

为什么我不肯早点狠下心，让孩子练习自己处理事情？

其实，说穿了，是因为"爱"。

其实对于孩子飞也似的长大，我还没准备好，总觉得抱在手上小小的宝贝已经抱不动了，忽然长成小大人，很快是不是就会有自己的交友圈，离我而去了呢？所以总是舍不得放手，觉得能再多让她们依赖一阵子也好。可是我知道，这是错的。就是因为这样，孩子才会养成"凡事找妈妈"的习惯，如果我再继续这样下去，她们有一天会变成"妈宝"，而责任必须归咎在我身上！

所以，那天，我一边洗手，一边检讨自己，决定跟孩子好好沟通……

妈妈：宝贝，我忽然觉得，我不应该帮一个上小学的小美女擦屁股，她已经长大变大姑娘了，她可以自己擦自己的屁股。

宝贝：可是我想要妈妈帮忙。

妈妈：宝贝，请问，这件事你自己会做，还是不会？你是真的不会擦屁股吗？

宝贝：我会啊！

妈妈：会的事应该自己做，然后我可以帮你做你真的不会的事，或者我们一起想做的事。

宝贝：可是我不想，我想妈妈帮……

妈妈：妈妈很喜欢跟你在一起的甜蜜时光，可是，我比较希望帮你烤一片吐司、泡杯巧克力，一起甜甜蜜蜜地喝下午茶，而不是帮你擦屁股。我知道你喜欢妈妈陪着你、帮你，但妈妈希望你可以更独立。妈妈不是不想帮你擦屁股，而是妈妈觉得你应该可以开始判断哪些事你能够自己做，哪些事真的不能自己做。真的需要妈妈帮忙的事，我一定会帮你。

经过一番长长的沟通后，神奇的事发生了！自此之后，女儿再也没有请我帮忙擦屁股。忽然间两个小家伙像是说好似的，不再需要我的擦屁股服务，还附赠连洗澡、上厕所都自己来的"礼物"。我虽然有点失落，却也很开心，早知道就早点跟她们沟通。

不过转念想想，也许也因为我一直以来的陪伴，让她们的心理很有安全感，当我表达需求时，她们也能体谅，不吵不闹的戒掉"依赖"。

★从小不过度溺爱，一点一滴学会自己来

有些事，我会多帮孩子一点，但是，回头检视，比较自己与其他家长，我觉得我还不算溺爱得太过分。

从 3 岁后，我就不喂孩子吃饭、不帮孩子收玩具、不抱孩子散步、不帮孩子准备书包……

"不吃就算了！等你肚子饿，食物却收起来了，我也没办法帮你！"

"不收玩具就算了，地上没收的玩具我就资源回收，送给需要的小朋友，他们会很开心。"

"不肯自己走路，那就找地方坐下，休息够了再继续走，妈妈腰会疼，不能抱你很久。"

"想带的东西要自己带，因为妈妈记忆力差，会忘东忘西，你要自己负责。"

因为我没那么多时间，记忆力也不好，所以我会解释我这么做的理由，并且彻底执行我的原则，这些事就让孩子自己处理。孩子也习以为常地遵守。每次在外看到其他家长努力喂食孩子，抱着孩子走很远的路，我都默默窃喜自己定下的原则。

★父母愈勤劳，孩子愈懒惰

随着孩子渐渐长大，我变得愈来愈笨！从以前什么事都会、什么事都懂的妈妈，开始退化，倒也不完全是因为年纪大了（好啦，是有一点），但主要原因当然是为了要让孩子为自己的生活负责。父母愈勤劳，孩子就愈依赖，愈不想动手动脑。我的"育儿小秘诀"就是把自己装成一个忘东忘西、什么都不会的笨妈妈，孩子反而会比较独立。

当然，每个家庭的原则、每个家长的底线不同，没有绝对的谁对谁错，谁好谁坏。请各位家长衡量自己家的状况，早放手、晚放手，都要放手，孩子与家长之间应该是互相独立存在的个体，尽管不舍，却也要帮助孩子脱离父母的羽翼，让孩子成为一个可以为自己负责任的人。

举手发问 Q 与 A：

Q： 如何改变年纪小的幼儿黏妈妈（或主要照顾者）的习惯

A：小宝贝本来就是妈妈身上的一块肉，习惯妈妈的味道，要让幼儿不黏妈妈很难，但太过威逼也会造成小小心灵的伤害，只能循序渐进慢慢引导。多接触不同的亲友，外出习惯人群，练习自己玩耍，不要一哭就抱，而是在旁陪他说话等都是好方法。

当孩子想黏住家长，家长却有事要忙时，请理性告诉孩子此刻不能陪他的原因，给予适当的拒绝，别让孩子有求必应，让他理解家长也需要完成自己的事情才能陪伴他。

听听专家怎么说　　　　　　　　　　吴怡贤　临床心理专家

每个孩子都是模仿高手，一两岁的孩子话还说不好，就咿咿呀呀地讲电话，仿佛谈了笔大生意；三四岁想学大人扫地、洗菜、叠衣服，但成果总是一团乱。妈妈只好在心中呐喊"我的老天爷啊！"，默默地收拾残局，想着下次自己来就好，结果妈妈的技能不断升级，孩子的自理、家事技能始终如一。

★自理、家事技能养成班

一两岁的孩子对外界好奇，喜欢模仿，家长在做家事时，可以给他一些小东西模仿动作（例如，一条毛巾模仿叠衣服），增加"一起做事"的正向经验。

3 至 5 岁的孩子乐于"自己来"，从中获得成就感及自信心，在这个阶段可尽量让孩子尝试（注意安全），培养孩子独立做事的信心。父母则要学会放松的技巧，准备足够的时间让孩子尝试。

5 岁以上的孩子，家长可观察孩子是否已经具备某项自理家事的能力，鼓励孩子独力完成，不足处再提供协助。例如，5 岁的孩子可自己搓泡泡、抹泡泡，但抹不到背面、泡泡冲不干净，家长就可在最后教他如何用毛巾搓背，如何调整莲蓬头的角度冲泡泡，而不是直接帮孩子冲干净。

在训练孩子独立的同时，也不忘记满足孩子"想被照顾"的需求。例如，在孩子自己洗完澡时，帮他披上大毛巾同时抱一下，通常会看到孩子满足的笑容。

孩子愿意黏妈妈的时间大约也只到10岁，人生就这10年是没有家长不行，再长大一点，根本还希望家长别黏着自己！所以，这甜蜜的10年其实很快就过去，当孩子黏着家长让家长心烦不已时，也许可以试着转变一下想法，珍惜这甜蜜的亲子互动的时刻。

二、一定要妈妈陪着睡

我不要自己睡！我要妈妈陪！我不要自己的房间，

我要跟爸爸妈妈睡在一起

孩子对父母的依赖，又可爱，又麻烦，该陪伴，

还是该赶快练习独立？

小陆妈妈甘苦谈

"妈妈，陪我睡觉！" 到现在，大女儿已经小学三年级了，孩子们还是每天睡前会喊一下这句例行公事，我也会回应："好，我忙完就去！"不过，女儿只是喊喊，类似一种"晚安"的问候，至于我有没有真的去陪她们，倒不是很介意。一方面因为她们理解妈妈的忙碌，孩子入睡后才是我安静工作的时光；另一方面，也是真正的主要原因，是她们的心理很安全，也不真正需要妈妈的陪伴。

为什么我敢肯定她们的心理很安全？因为……又要来爆自己家的料，而且应该很多家长要惊呼了！

"到现在为止，我们一家四口还睡在同一个房间！"

什么？真的假的？为什么？唉，待我从头道来。

在孩子大约三四岁时，我们帮孩子布置出美丽的儿童房，粉红色的墙壁、花朵造型的夜灯、可爱的床铺……看起来就是梦幻公主房！不过，任谁也没有想到……"我不要住这里！" 女儿们看到房间后，异口同声地说。

问题出在哪里？原来，我们家是南部传统的狭长透天厝，要孩子去位于楼上的房间，必须穿过长长的楼梯与走道。孩子们吓坏了，觉得我们要遗弃她们，怎样都不肯离开父母，怕黑、怕虫、怕怪声、怕窗外的月亮……什么古怪的理由都搬出来。我左思右想，好像也没有一定要逼她们跟我们分开，于是就继续一家四口暂时蜗居的生活。

说真的，妈妈我也很享受翻个身就能看到孩子的小确幸，所以这也是没坚持分房的原因之一，但从孩子1岁开始，我便让她们睡自己的小床，三四岁后改为独立上下铺，虽然是同住一房，却也各据自己的睡眠空间。

也许在孩子的成长过程中，姐妹俩都知道我们晚点就会来到她们身边，所以并不会坚持要我陪睡才敢睡，以至于困扰许多母亲的"陪睡，陪到最后自己睡着孩子还没睡"这个问题，我侥幸逃过一劫。

不过，遇到孩子不肯自己睡、不肯分房睡，你会怎么做呢？

妈妈宝贝小剧场

★一定要妈妈陪睡，就要约定陪伴的时间

我的绝招是……我只陪你5分钟！

宝贝：妈妈，我想要你陪我睡觉！

妈妈：宝贝，妈妈也好想陪你睡觉，可是妈妈还有好多事没做完，还没拖地、洗碗，如果这些事没做完，明天家里会脏脏乱乱的。

（也许这些事不一定要现在做，但妈妈通过举例让孩子知道自己的忙碌与孩子切身相关，"妈妈不能睡觉是为了完成家里的事务"会引发孩子的同理心。）

宝贝：可是我还是想要你陪。

妈妈：好，那妈妈陪你5分钟好吗？我们约定，我陪你5分钟，让你舒舒服服地准备睡觉，那5分钟后，妈妈要赶快去把家事做好，妈妈才可以早点睡觉，好吗？

宝贝：好吧。

妈妈：那我帮你抓抓背，放一首好听的音乐……

先跟孩子沟通好，妈妈可以陪你5分钟，安抚你舒服地睡觉、说个故事、唱唱歌……不过我尊重你的需求，你也要尊重我，请你快快闭上眼睛、进入梦乡。

其实只要孩子够累，5分钟也差不多可以入睡。让孩子快速入睡的先决条件是：白天少睡午觉！第一章提过，为了晚上的入睡效率，我们家的小孩是不睡午觉的。当然孩子很累的日子另当别论，不过孩子不想睡，就绝不逼他睡。尽量让孩子累到躺平，上床自然迅速入睡。

★寻找代替妈妈的陪睡小物

夜晚孩子入睡前后的这段时间，是我很重要的工作时间，所以我承认我并不是一个天天说故事的好妈妈。但我又很担心孩子没听故事好像会少了想象力，所以从孩子很小，我就开始播放睡前故事CD，或寻觅一些会说故事的小玩具之类的辅助陪睡小工具，让孩子躺到床上听音乐、听故事，进入睡觉的情绪。当然，让孩子拥有固定的小被子或小娃娃，也可以安抚入睡情绪。

★循序渐进，先分床再分房

坚持不肯分房睡的宝贝，家长除了先分床再分房，慢慢引导之外，也可以邀约孩子一起设计儿童房、一起换到儿童房入睡、帮儿童房加上更多适合入睡的元素……与孩子共同规划、设计，慢慢减少自己出现的时间，让孩子在自己的房间里建立安全感。

妈妈：宝贝，你长大咯！你最近不是会在画画的时候说"妈妈走开不准看"吗，那你会不会想有自己的房间呢？

宝贝：不要，我不要一个人睡，我怕怕。

妈妈：没关系，等你准备好，再去你的房间没关系。不过有自己的房间，就可以享受你自己的私人小空间，不用觉得做什么事都有妈妈干扰，也不错呢！你觉得，我们要不要一起布置一个"属于你"的房间？

宝贝：一起布置吗？

妈妈：对啊，把房间布置成你喜欢的样子，然后偶尔我们可以换到新房间睡睡看，你可以轮流睡自己的房间和我们的房间。

宝贝：好吧，但是等我想去睡，才能去，不可以逼我哦！

面对还不想搬到自己房间的小姐妹，在各自升上二三年级时，我问：

"打算何时搬到自己的房间呢？"两个女儿先是很精明地一唱一和地回应我："干吗那么急，住在一起可以只开一台空调就好！""省电又环保！"（其实说中我心啊！）

不过两个小家伙还是认真地讨论了一会儿，下了一个决定："姐姐升上四年级、妹妹升上三年级的时候，我们就要上楼去睡。"也就是说，明年的暑假开始，两个小女孩就要脱离我的羽翼啦！究竟会不会发展得这么顺利？且让我们继续看下去……

举手发问 Q 与 A：

Q：家长陪睡就是不独立？不肯分房睡的孩子，是不是真的会依赖心很重呢

A：我们自己家的例子看来，并不会。也许是心理很安全，她们在睡觉的过程不会吓醒，不害怕孤独，所以两个孩子的睡眠质量一直都很好。

我跟先生的工作，每年需要出国出差两三次，每次都是至少一周，出差过程中就会把孩子托给爷爷奶奶、阿姨等亲戚照顾，听亲人说孩子们不但不怕生，还非常开心，睡眠也都很安稳，所以我不认为同住一房一定就会养成孩子依赖的个性。以我们的例子来看，不但亲子感情紧密，孩子各项发展也很不错。

听听专家怎么说

玛戈特·桑德兰（Margot Sunderland）博士，是伦敦儿童心理健康中心的教育与训练主任，在她的著作《育儿科学》（*The Science of Parenting*）里提到，"独自睡觉"的小孩会因为和父母分离而产生比较多的压力荷尔蒙；如果小孩能和父母同睡一段长时间，最好为出生到5岁左右，他们长大后相较于独睡的孩童，会比较冷静、少压力，健康方面更是无虞。

孩子和大人同睡，被认为容易吸入成人呼出的二氧化碳等废气，影响脑组织的新陈代谢，对发育不利，甚至也有成人压到孩子的危险。但《育儿科学》书内提到，亚洲在环境和传统文化影响下跟宝宝同睡是普遍现象，但是却没有比较高的婴儿猝死症的比率，日本更拥有婴儿猝死症"全世界最低"的发生率。

美国儿科协会（The American Academy of Pediatrics）也建议父母和小孩睡在同一个房间里，但是睡在不同的床上。[①]

到底几岁必须分房？其实，并没有标准答案。但是，把孩子一个人丢在幽暗的空间里强迫他面对孤单、恐惧，光是猜想那样的感觉就觉得有些不忍。其实时间到了，孩子就会不想跟父母在一起，何不等他准备好呢？紧密相依的生活，何尝不是一种甜蜜的负担？

①资料来源：In 妈妈育儿新知网（www.in-mommy.com）

三、一不顺心就讨救兵

妈妈骂人，就逃到爸爸身边？

爸妈规定的事情不肯遵守，就搬出爷爷奶奶来挡驾？

父母一定要教育孩子守规矩，可是当教养不同调时怎么办？

152

小陆妈妈甘苦谈

在家里，有没有分是谁扮黑脸，谁扮白脸？

从我身边的例子看来，大部分的家庭，都是妈妈扮演比较严谨的角色，爸爸则是"好好先生"。如果是生女儿的家庭，女儿更是爸爸的前世情人。不过，我们家好像不能适用这个规律，更怪的是，我觉得爸爸跟女儿的"前世"，应该是"情敌"！

姐妹超爱与爸爸吵架。不！应该说爸爸超爱惹怒小姐妹。两个孩子常常对我宣告："永远不理爸爸！""永远不要再见到爸爸！"如果受了委屈向爸爸诉苦，爸爸只会嬉皮笑脸地继续激怒女儿，把女儿惹到暴哭或暴怒，然后躲起来等妈妈收拾残局。

由此可见，以黑脸、白脸的分工来看，我通常需要"一人分饰两角"，而我们家爸爸的角色则是……喜剧演员！而且常常没演好，从"娱乐"的任务走钟成"激怒"我们，所以孩子们宁可离爸爸远远的，免得一不小心被他当成捉弄的对象。

这样的分工也不坏，至少在家当我脸一黑、准备发火时，孩子会乖乖听话。

比起跟失控老爸讨救兵，还不如乖乖服从妈妈的规范！

不过，只要一来到爷爷奶奶家，事情就没那么简单……两个小家伙就会自动启动"耍赖模式"，从"理性小少女"变成什么都不依的"撒娇小捣蛋"。明明要吃饭了，还是要先偷抓一把饼干；明明说不准吃糖，还是四处搜刮甜甜的糖果；趁着大人不注意跑到姑姑的房间里，偷穿高跟鞋、偷擦指甲油；洗过澡了要孩子别出门，一不留神又跟爷爷溜到鸡舍找咕咕鸡玩！做了坏事怕被妈妈骂，就一溜烟钻到奶奶屁股后躲起来……然后爷爷奶奶与姑姑会用宠溺的表情盯着孩子笑，再一脸狐疑地看看我，仿佛我这个凶巴巴的妈妈十分有问题。

孩子的依赖撒野，看在爷爷奶奶眼里，就是含饴弄孙的可爱，只要来到爷爷奶奶家，孩子就像来到天堂，爸妈辛苦建立的规范，在爷爷奶奶面前根本就没用嘛！

妈妈宝贝小剧场

以下的场景，你曾遇过吗？

孩子自己绊倒跌倒，长辈立刻拍打地面说："地板坏坏！打打！"

抱着健康匀称的孩子去长辈家，长辈却捏捏孩子的大腿，一边说"可怜啊，瘦巴巴，都没肉，爸爸妈妈是不是没给你吃饭？"一边猛塞零食、点心给孩子吃……

请孩子照着规定的方式做事，长辈却补枪："没关系啦，他只是个小孩，你小时候也不会，比他调皮多了……"

孩子有了"救兵"可以"靠"，定好的规范全没了！一有要求，孩子就回嘴："×× 说不用！ ×× 说可以！ ××× 说没关系！"这些小事都很容易让孩子的主要照顾者一秒到燃点，火山爆发！

"我照顾孩子还不够辛苦吗？为什么要这样害我！"

长辈宠孩子是天经地义，但是如果和家长的教养方式出现抵触时，孩子自然会挑"软柿子"吃，哪里的规矩少一点、轻松一点、好处多一点，就往哪里去。

遇到这样的状况，我会怎么做？

★和孩子好好沟通，请孩子同理家长的心情

告诉孩子为什么家长会定下规矩，就像出门要遵守交通规则、去图书馆要遵守图书馆的规则一般，在不同的地方要遵守不同的规定。

宝贝：为什么去姑姑家、外公家，都没有这些麻烦的规定？

妈妈：宝贝，家里如果都没有规定，秩序会变得很乱，为了让家里很舒服、妈妈可以过喜欢的生活，大家都开开心心，就要遵守家里的规矩。

宝贝：没有这些规定，我也可以开开心心。

妈妈：真的吗？假如你不想遵守吃饭时间，那妈妈也不想遵守做饭的时间；假如你吃饭要人家喂，那妈妈吃饭也想要你喂。穿衣服也是，假如你不肯自己穿衣服，妈妈也不想洗衣服，妈妈也想轻松，什么事都请别人帮忙做啊。

举例让孩子理解，家里每个人各自有需要遵守的规定，如果有一个人放弃不遵守，全家的秩序就会大乱，也许跟长辈出门时他们的规定比较少，不过跟父母在一起时就要遵守家规，因为我们是快乐小家庭里的一分子，缺一不可哦！

让孩子养成同理心，觉得该为自己的甜蜜家庭而努力。讨救兵，虽然当下好像能解决问题，但长远来说问题还是在。花些心思跟孩子解释问题的核心，就算他无法立刻理解，也会在小小心灵里慢慢出现改变。

★夫妻间取得共识，站在同一阵线上

对"内"，可以约定好谁当黑脸、谁当白脸，当孩子讨救兵时应该如何处置。偶尔也可角色互换，出发点一定要为另一半着想。

对"外"，如果有教养问题要与长辈沟通，夫妻俩一定要先讨论过、有共同想法，避免沟通到一半夫妻俩斗嘴，更引发长辈纷杂的意见。总之，夫妻一定要先厘清彼此的想法，同心，再一致对外。

★和长辈缓缓沟通，微笑着表达立场

如果长辈与主要照顾者（父母）的教养冲突持续发生，且扰及生活，则必须从问题的根本来解决，但是……长辈喜欢做孩子的靠山，喜欢提醒我们管教孩子的方法，其实都是出自善意的爱和关怀，所以在沟通时，一定要注意长辈的心情。千万别在气头上急着说出口！就算内心波涛汹涌，但是良好的沟通才能根本改善彼此的问题。带着笑容与感恩，找个大家都有空的时间，也许一起吃顿饭、喝个下午茶，慢慢聊，千万别损及彼此的情感。

另外，就大观念来讨论，而不要变成小细节的批斗大会。孩子的规范会影响未来的人格发展，请长辈体谅。约定彼此不干扰彼此的教育方式，不批评对方，就大观念来讨论，例如：

（一）价值观

不要主动给小孩买东西、太轻易给予孩子零用钱，避免养成孩子的物欲与价值的偏差，惜物惜福，要有付出才能有收获，否则会不懂珍惜。

（二）是非观

孩子犯错要让他知道，在公共场合要约束礼节，知错能改，不该宠溺忽视错误，影响孩子正向的人格发展，以清楚、有条理的方式，提出自己重视的项目与长辈讨论，切莫事事否定。

（三）随时不忘感谢

有人能担任孩子"讨救兵"时的角色，代表他愿意分担我们照顾孩子的责任，可以让忙碌的主妇偶尔离开孩子喘口气，找回自己原本的生

活步调，与其去看缺点，不如正向思考，随时谢谢身边的另一半、长辈、亲友愿意陪伴孩子、让宝贝有更多的爱围绕。

举手发问 Q 与 A：

Q：对于长辈"教养不同调"会感到生气吗

A：其实真的不会，反而还满满的感谢，感谢长辈愿意帮我顾小孩。长辈照顾孩子时，正是家长难得的休息时间，看到孩子跟自己最重要的亲人相处得很好，幸福的感觉多过于烦恼。

我其实很好运，我的爸妈、公婆以及长辈亲友们，都非常明理，很尊重我们夫妻的教养方式，总是让孩子吃好的、买好的，满足我们小气夫妻给不起孩子的。

孩子很喜欢去爷爷奶奶、阿姨、姑姑家，回家后总是说着对方对她们多好，爸妈跟他们差很多。每次被妈妈爸爸责难，也常抱怨我们没有那些长辈们对她们的宠爱。

当然难免会觉得"好不容易定下的规矩，没有遵守怎么办？""讨救兵的习惯养成了，我以后怎么教？"

但是转念想想，自己小时候跟长辈相处的日子，都是美好的回忆，爷爷奶奶宠溺的态度，正是孩提时代最难忘的好时光！

长大后，和父母相处的时间还多，但陪伴爷爷奶奶的时间就少了，虽然上一代与我们的教养观念会有许多不同，需要磨合与沟通，但享受天伦之乐还是比遵守规则更值得，偶尔放纵一下没关系！

听听专家怎么说

吴怡贤　临床心理专家

教养是一场"谍对谍"的大戏，充满了斗智、悬疑、亲情及悲欢离合，偏偏不是每个人都是演技高手，要维持表面和平，同时又能执行任务（教好这个孩子！）实属不易，大多时候是"家庭战争"一触即发。

★教养不一致的处理原则

·知己知彼，百战百胜

了解所有提供"物资、好处"给孩子的人，都是基于"爱孩子""希望被喜欢"，而非"故意破坏规矩""指责父母的不是"。所以让他们感受，即使不这么做，孩子还是爱他们。例如，孩子喜欢奶奶做的菜、记得爷爷教的规矩，让长辈知道除了买糖果、玩具，还有其他可为孩子做的事。

·文宣攻势

长辈通常都会喜欢听"专家"说，胜过"家人"说，平时在家庭气氛还不错的时候，可以分享一些正确的教养观念。例如，"上次我听一个有名的小儿科医生说，孩子吃糖会抑制生长激素分泌，真的要小心一点"。

·物资控管

让孩子了解到只有一个"中央政府"，所有由其他人拿到的东西，都要受"中央"控管，也可鼓励孩子"上缴"的行为，对孩子有益的物品可择期发放（例如奖励品）。

·"特别行政区"

偶尔允许"特例"发生，反而会让孩子更愿意遵守规范，就像工作时的"休假"时光，一方面也可免去与长辈、孩子唇枪舌剑、争论不休的场景。让孩子明白，规矩仍然存在，这次是特别通融，下不为例。例如，回爷爷奶奶家太高兴而超过 10 点仍不睡觉，可告诉孩子"原本 9 点就要上床睡觉，我知道你们太高兴睡不着，今天特别通融一次，不过还是要快点睡，因为规定还是 9 点"。

孩子和长辈的相处，在孩提时代扮演非常重要的角色，也是人际应对养成的重要练习。退一步海阔天空，只要双方互相尊重，让孩子享有两种不同的标准，也是一种另类甜蜜的家庭关系。

Chapter 5 "专注力系列"
超容易分心！该怎么办？

孩子，你为什么这么不专心？

小陆妈妈的烦恼

面对孩子容易分心、专注力不足的状况，许多家长会觉得十分棘手，而这也是幼儿与儿童的通病，大部分的孩子都很难专注某件事太久。

其实这也是难免的，这个世界这么新鲜，这么美好，有这么多值得关心的事，怎么可能只乖乖专注在写作业、练琴或某件事上呢？有时候一只小飞虫飞过、一块缺了角的橡皮、一只没削的铅笔，都可以引发许多有趣的想象，当然也就可以让孩子分心，掉进另一个自己的小世界……

要训练孩子的专注力，不是一件容易的事，我们都是这样长大的，就让我们用彼此的经验互相砥砺，轻松看待，一起帮孩子与自己调整出最佳状况吧！

一、三分钟热度

一分钟前说要涂颜色，拿着画本给孩子，画得起劲……两分钟后，孩子却说"我不要画了！"可恶的宝贝，你是故意整我吗？

发生这样的状况，该怎么办？

小陆妈妈甘苦谈

三分钟热度的状况，孩子愈小愈明显。在孩子还小，大约 2 到 4 岁的时候，我时常被两个"三分钟热度小魔王"当作笨蛋耍。当时，还懵懵懂懂的她们，常常会提出看起来很有建设性的要求："我想练习写123""我想买着色本""我想学轮滑""我想学自行车""我想学笛子、跳舞、钢琴、小提琴"……大部分的要求看起来都很上进，让妈妈我暗自窃喜地想："这么小就想练习写字画画，还对音乐与体育都有兴趣，搞不好以后琴棋书画和体育样样精通！"以为自己养了小天才。殊不知，这根本只是孩子一时兴起、随口说说！

因为我很晚才让孩子上学（姐姐中班、妹妹小班才入学），宝贝们平时就是窝在家里玩乐，我也有点担心她们会输在起跑点上，所以只要有"上进型""学习型"的要求，大部分都会答应。画画本、连连看的数字练习、着色本，各种益智教材、各种课程，只要孩子想学，妈妈就肯给！奇怪的是，孩子好像很没耐心，所有自己选择、喜欢的事物，刚开始尝试都很开心，但是一段时间后就不想去，自己到书店挑选的辅助教材，大部分也是玩一玩、写一写，就不想动，这个状况在 3 岁、4 岁时达到高峰，我心里想，不能再这样下去了，一定要想办法解决！

妈妈宝贝小剧场

★循循善诱，再试一下

宝贝：妈妈，我不要学轮滑！

妈妈：宝贝，为什么呢？你不是一直希望学会轮滑，然后溜来溜去

吗？（先了解原因）

宝贝：可是我会跌倒，膝盖很痛，脚也好痛哦！

妈妈：你看，其他有上过几次课的大哥哥、大姐姐，是不是已经不会跌倒、溜得很棒呢？你很快就可以跟他们一样哦！

宝贝：我学不会，我不可能像他们一样厉害……

妈妈：其实，只要有耐心，一定学得会！妈妈小时候也花了好几个月学轮滑，轮滑就像在玩滑步，跌倒也很好玩啊，终于学会的时候，超开心！

（温柔劝导，举自己与别人的例子，让孩子知道努力会有收获。）

宝贝：我不喜欢跌倒。

妈妈：可是，我们才刚买轮滑鞋，也刚报名，如果你把鞋放在一旁，它一定很难过，它一定也很想跟别的轮滑鞋一样，在广场上奔跑，你可以再试几次，让轮滑鞋享受一下奔驰的感觉吗？不然它就变垃圾了。

（晓以大义，并使用拟人法，让孩子由对物件的同情产生动力。）

宝贝：那我再滑一次就好。

妈妈：宝贝，当初要买轮滑鞋之前，我们沟通过，一双轮滑鞋要很多钱，报名课程也要很多钱，如果放弃了，我们付的这些钱就等于不见了……但是如果宝贝愿意再试3个月，把课程上完，也学会怎么滑旱冰，那这些钱就会好高兴，它们知道帮助你完成了梦想！

（虽然是说道理，却用让孩子没有距离感的方式说。）

宝贝：可是，我会害怕跌倒。

妈妈：我们再试一下，下次我牵着你的手陪你一起溜，好吗？这一期的课程结束，如果真的不喜欢，下一期的课程就不要参加了，好吗？

（陪伴、关心，给予一个期限，一起努力。）

年幼的孩子对世界一知半解，什么都好奇、什么都想尝试，但尝试过后，发现新事物不如预期，便想放弃。三分钟热度，是天性，是常态。尝试后放弃没什么不好，孩子不喜欢也可以解释为"没有兴趣"，不过，如果父母没有加以引导、晓以大义、适当施加压力，其实孩子一定想换换口味，尝试其他没试过的、看起来轻松好玩的事物，也会养成半途而废、吃不了苦、专注力低的坏习惯，对孩子一生的学习态度会造成巨大的影响。

如果年幼时有适当的引导，那么大约 5 岁以后，三分钟热度的状况就会改善很多。

★孩子没了三分钟热度、父母不犯难，达到双赢

（一）多带孩子尝试不同的事物，但不要在孩子提出要求时就满足他

孩子喜欢什么、想买什么、想学什么，可以陪着他四处去看、去体验，但是，请坚定自己的心智，别马上买、马上报名，借故去附近兜一兜，或带孩子回家，测试孩子是否还会想起刚刚喜欢的那些事物。如果孩子一直记挂在心上，代表他真正在意，再去考虑购买、参与的可能性。

（二）生活中帮助孩子培养兴趣，观察孩子真正想要的

如果孩子喜欢音乐，可以先买玩具铁片琴来弹奏简单的音符，测试小孩是否真的喜欢玩乐器。如果孩子喜欢跳舞，不一定要直接去学舞，可以先播放网站上的律动、芭蕾舞蹈教学跟着练习。拜科技发达所赐，各式各样的玩具、才艺、书籍，都可以在家先通过云端的信息认识，当孩子觉得有趣，父母也觉得孩子适合，再决定是否要拥有。

（三）当孩子坚持要参与、购买某项事物，请和他"立下约定"

如果喜欢这件事，那么要持续参与这件事多久？立下约定，可以为孩子的心情增加负责任的力量。例如，"想买某个玩具，就约定1个月内都不可以再买别的""想买某种画画书，就约定画完后才能买下一本""想学某样才艺，那报名的时间内都要乖乖上课"……

如何立下约定？最简单的当然是看着孩子的眼睛，认真地约定用手拉钩钩、盖印章。不过我推荐家长可以手绘一张可爱的协议书，看得懂字的孩子，就写：

"合约书：×××想学 _____，至少会乖乖学 _____（时间），不会半途而废。如果违反约定，就要 _____（和孩子沟通好违约的小惩罚并写下）。立约人：妈妈 _____（签名），宝贝 _____（签名）"

看不懂字的孩子，合约书则可以画出来，随便画，意思点到为止就好，例如：画上要买的玩具、学的才艺，然后底下一样要请孩子签名，并讨论违约的罚则。

这张合约书，在孩子三分钟热度时拿出来，唤醒他对自己曾说过的话的记忆，当然，也许孩子还是会用哭闹来取得妥协，但一次、两次、三次……我相信家长一定会看见孩子的进步。

（四）当孩子拒绝再参与，请了解孩子"不喜欢的原因"

我自己小时候很讨厌学琴，不是因为练琴很辛苦，而是老师很凶。我记得我一直被打手，每堂课都被打几十下，我也不喜欢每天坐在琴前的练习时间，因为摸琴我就害怕，愈来愈讨厌琴，每次上课前都想哭，却还是被父母逼着去，学了三四年，连一首完整的曲子都不会，浪费父母的血汗钱，也埋下自己惧怕乐器的心情。这就是双输的状态。

当我向父母表达我不想学琴时，父母只是逼着我继续学，从来没问我原因，自然也没有替换老师，我就这样被"霸凌"地度过痛苦的学琴时光。所以，当孩子说想学乐器后，我很重视老师的态度，与快乐的教学方式，我并非望女成凤，学音乐只是希望培养孩子音感与对艺术方面的兴趣，不希望老师逼她练多难的曲子，回家也鲜少逼孩子练习。于是，孩子不知不觉学习 3 年了，虽然曲子还是练得很普通，但始终是雀跃地去上音乐课，学校要才艺表演时，也会要求带乐器去表演。我在孩子身上完全看不到我当年讨厌学琴的样子，这就是我希望的。

孩子的参与，本源于他的喜好与兴趣，而非父母的逼迫。若尝试一段时间，孩子真的不喜欢，也不需要勉强。

（五）当孩子认真尝试时，大人千万不要开玩笑奚落孩子

孩子对事物的兴趣，需要慢慢培养、耐心维持，但是，孩子的玻璃心很容易在不受肯定时破碎而失去动力。

我看过许多长辈在孩子表演才艺或自己的兴趣、专长时，竟然奚落孩子："学琴以后是要街头卖艺吗？""好好读书就好，别做一些没用的东西！""你在画图？是在鬼画符吧？""这么爱唱歌，去唱歌好了！"……每次我听到这种话都会燃起一股无名火，大人凭什么用偏颇的价值观伤害孩子？所以遇到这样的状况，家长也要挺身捍卫孩子，告诉批判者，自己的孩子做的事并没有错，偏见才有错。让孩子知道，家长是支持他坚持自己的兴趣，那孩子才能学会不轻易放弃的人生态度。

举手发问 Q 与 A：

Q：除了因为三分钟热度之外，为什么孩子在学习或课业上持续力总是很差

A：我在自己的孩子身上发现，她们不喜欢、没兴趣的东西，大多是因为没有获得肯定、操作起来不顺手、没有成就感。如果学会了，原本的"拒绝"就会转变为"接受"并且"喜欢"。

从不会到会，本来就需要花时间，所以，也请家长多花点时间陪伴与引导，或者多给予鼓励，就算孩子没做好，还是告诉他："你已经很棒了！"让孩子建立成就感，建立学习的动力。

听听专家怎么说

吴怡贤　临床心理专家

孩子天生气质大不同，有些孩子天生较害羞，不敢尝试新事物；有些孩子则活泼外向，对新鲜事物总是充满好奇；有些孩子可以持续专注在感兴趣的事物上；有些孩子则遇到挫折就容易放弃，因此要协助孩子培养兴趣，可依据不同的气质给予适当的协助。

对事物的坚持度较低的孩子，即便是感兴趣的活动，也会因为遇到挫折就容易放弃，若家长评估孩子仍然很喜欢这个活动，想协助孩子度过暂时的难关，可以在"前、中、后"的三个时机点协助孩子。

·遇到困难前

称赞孩子在活动中坚持的部分，例如，"你可以专心练习完这首曲目，我觉得很努力，也进步很多"。可增加孩子在此兴趣中的成就感及自信心，增加坚持度。

·遇到困难中

孩子在练习这个兴趣时，建议父母陪伴在旁，在出现困难时，适时给予"温暖"协助，此时机的重点在于"陪伴"渡过难关，例如"没关系、不急、慢慢来、深呼吸、再想一下"，降低孩子在挫折中的焦虑及失落，增加孩子的自信心。

·遇到困难后

当孩子直接表示要放弃兴趣时，父母可能会在心中呐喊"又来了，每次都这样！"但要相信，若是这个兴趣是孩子真正喜欢的，此时孩子的挫折感肯定不比父母低，所以了解孩子遇到的困难，讨论如何帮助他渡过这个难关，是此时期最重要的课题。例如，"我知道你很喜欢弹钢琴，也一直努力练习，想放弃一定有你的理由""我可以怎么帮你"。

其实，改变"三分钟热度"的坏习惯，也就等于具有较长的专注力、持续力，这也是学习必须有的态度。若放任孩子习惯"放弃"，那在学业上孩子也容易用"我不会，不想学"的态度来面对困难。若能从小陪孩子坚持一两样兴趣，细水长流地执行，对孩子的未来必有正面影响。不必多，只求孩子在喜欢的事物上建立专注的态度，不必事事要求完美，却也不放任孩子予取予求，让孩子知道，他要为选择负责，三思后再选择，在物质与精神上都加以控制与引导，很快就会看见效果。

二、忘东忘西小迷糊

带着包包出门，却空手回家！

穿着雨衣出门，雨停了，雨衣也跟着不见了！

千叮咛万嘱咐，关灯、关门再外出，回到家却发现，灯亮晶晶、门开大大，什么都没做到！

孩子的记忆力，为什么就是这么不好？

小陆妈妈甘苦谈

★ "遗传"这可怕的基因啊

呜呜，其实……我真不忍心批评孩子，因为我本身也是这样呀！打算帮孩子倒水，走到桌前发现桌子有点脏，便拿起抹布擦拭，然后顺便洗碗、整理，直到孩子喊渴，才想到自己忘了倒水；发现卫生纸没了，打算去储藏室拿卫生纸补充，却在储藏室做了一堆其他的杂事，回到房间才发现两手空空，卫生纸在哪里？诸如此类的迷糊小事天天发生。自我检讨，发现我的"健忘"好像不是因为年纪大了头脑退化才变严重，而是与生俱来的！

有记忆以来，我就容易忘东忘西。上课忘记带课本、回家忘记带作业、忘记老师交代的任务、忘记爸妈的叮咛……不过，真正有兴趣的事，倒是不会忘。我也不是故意选择性记忆，但就是常常因为健忘而被责备。

慢慢长大，记忆力好了一点，重要的事很少出差错，小事却还是容易忘。我想，也许是我脑容量不够，专注力只能放在自己在意的事情上？工作中我常要身兼数职，每个任务都不能有差错，要有条有理、记得清清楚楚，所以生活琐事也许就懈怠了。

我的两个小宝贝也是跟我一个样：整理了一个满满的小背包，里面放满了等一下要用到的重要物品，最后整个忘记带出门；拿好外套，穿鞋时就放在鞋柜上忘记带；抓着水壶，开门时顺手一搁，又放在门边；忘记关灯、忘记冲马桶，这种案例发生过 100 次。

朋友们常笑说："你们家该吃银杏咯！"但我认为，再多的银杏都不一定有用，纯粹就是我们的脑子有黑洞！

但是，某天，不经意看到电视新闻报道，加拿大多伦多大学的研究给了健忘者堂而皇之的理由——"健忘的人其实最聪明！"大家有没有眼睛一亮？还是觉得听起来只是自我安慰之词？

报道引用研究的内容指出："因为脑容量有限，所以'健忘'其实是大脑为了'优化决策'的机制。大脑会自发性忘记不重要的细节，才能把精力放在需要更多脑力的事情上。这样的人，危机意识强，而且能善用记忆。"

报道还进一步举例："有的人去唱歌，会忘记歌名，但一遇到意外状况，却能立刻判断问题、找到逃生出口，代表他们懂得舍去细枝末节的小事，快速筛选信息。"专业医生也指出："如果凡事记大又记小，生活往往无法放松，'记忆超载'是很辛苦的，反而不容易对生活的重大事情做出判断。"听完，你是不是跟我一样，心里有些窃喜？

呵呵！忘东忘西是人之常情，请轻松点看待，也许新闻说的也有几分道理。

当然，面对孩子忘东忘西的情况，父母还是可以做适度的引导，帮助孩子养成记忆习惯。

妈妈宝贝小剧场

★帮助孩子建立记忆的逻辑

（一）背口诀，自我检查

我为健忘的自己定下"出门前一定要'念口诀'"的规定："钱包、手机、钥匙"，出门前复诵一次自我检查，这三样东西带了，就不至于流落街头。对于孩子，则请她们背诵上学、放学前口诀："书包、餐袋、水壶、作业！"因为妈妈很迷糊，所以她们要靠自己自立自强呀！

（二）下指令，清定顺序，并掌握"简洁、清楚"的原则，限时完成

妈妈：宝贝，游泳衣带了吗？

宝贝：啊，我忘了！

妈妈：赶快去拿，你看你都忘东忘西的，从昨天就一直提醒你！那作业签名了吗？

（孩子正在要去拿泳衣的路上，又转身回答。）

宝贝：还没……

妈妈：你看你一直拖拖拉拉，跟你讲多少次了！从写完作业说到现在……

（孩子折回来拿作业。）

妈妈：为什么桌上刚刚喝完牛奶的杯子没收？会长蚂蚁的！这件事每天说，为什么就是记不住？

（孩子又急忙去收杯子。）

妈妈：泳衣呢？拿泳衣了没？

（孩子又慌忙跑去拿泳衣……最后什么事都没做好。）

有没有发现，这种奇怪的循环常常出现在家中？大人的思考逻辑跳跃快，孩子的速度却未必能跟上，像这样纷杂的指令，到底要孩子先做哪一项？年幼的孩子较难一次记住多件事，随着进入幼儿园、小学，每天在学校已经接触好多新的信息，回家还要准备作业，大脑统合无法一时间跟上，所以大人如果在要求上缺乏逻辑、顺序，边要求边责骂，孩子也难以消化，渐渐会把大人的要求当作耳边风，应付了事。

178

如上述状况，比较好的"下指令"方式应该是……

方法一是一件事完成再要求下一件事：

妈妈：宝贝，游泳衣带了吗？

宝贝：啊，我忘了！

妈妈：赶快去拿！两分钟内完成，谢谢。

（等孩子拿回泳衣，再要求下一件事。）

方法二是想好全部的指令，制定顺序要求孩子执行：

妈妈：宝贝，游泳衣带了吗？

宝贝：啊，我忘了！（准备转身）

妈妈：等一下，作业签名了吗？

宝贝：还没……（准备想找作业）

妈妈：再等一等，刚刚喝完牛奶的杯子收了吗？

宝贝：也没有……

妈妈：好！（请不要把时间花在啰唆与责难上，而是清楚地给予指令）请帮忙做三件事，一、带泳衣，二、拿作业，三、收杯子。请告诉我要做哪三件事？

宝贝：一、带泳衣，二、拿作业，三、收杯子。

妈妈：很棒，请在三分钟内完成，开始！

（三）写便条，温馨提醒

如果孩子真的容易忘记，可以在某些地方贴上便条纸提醒，例如洗手台前贴"多洗手才不会生病"，书桌前贴上"写完作业记得整理书包"，桌灯贴上"使用完随手关灯"等，孩子看到便条就会自我提醒，大人也不用常常把啰唆的话挂在嘴上。还看不懂字的孩子，家长可以和孩子一起"画"，把想提醒的事情"画"在便条纸上，效果也很棒！

（四）订立适当奖励与罚则，让孩子学会负责任

"记住了，就夸奖；忘记了，要自己面对后果。"适当的奖励与责罚，让孩子学习面对问题，而不是永远都有大人挡着，可以养成孩子负责任的人生态度。

举例来说，孩子刚进小学时，忘记带作业的情况连续发生几次，我立刻定下"罚则"，贴在她们的书桌前：

"忘记带作业处理步骤如下："

1. 绝不回去拿（忘记带东西去学校也绝不帮忙送去）。

2. 写说明告知老师（可以用写便条的方式）。

3. 每学期第一次初犯，原谅；第二次忘记带，需默写九九乘法表（或ABC、1~100……依年级而定）三遍，累犯则写五遍。

自从我定下"明确罚则"之后，女儿们几乎不会忘记带作业回家了，超神奇！孩子很怕罚写，会因此深深记得回家前要检查书包。就算真的没带作业，"罚写"也是练习，能养成犯错就要面对的担当。

当然咯！每天把该做的事情记住、完成，也请家长不要吝啬你的鼓励。随时正向肯定，加上适当的"奖励制度"，如"集好宝宝章换礼物""完成多少任务后可以去逛超市或文具店"等小动作，都可以增加孩子的学习动力。

★跟老师沟通，理解孩子在外的学习状况

若觉得孩子在家中的健忘很严重，不妨问问老师，孩子在学校的表现如何。有时候在家里太过安全，便会随兴以对、忘东忘西。忘记带东西回家，也可能是想到要回家太开心了，归心似箭，一不小心就

忘了。偶尔借由老师的观察，也许也可以更了解孩子的状况。

举手发问 Q 与 A：

Q：我的孩子本来表现都很正常，可是最近忽然记忆力大幅减退，为什么

A：孩子的成长过程中，一段时间便会伴随某些反抗或叛逆情绪，会连带影响记忆与学习。也许只是忽然对某件事不感兴趣？偶尔如此，并不需太在意。

但家长也可以检查一下身边是否有影响孩子心理的突发事件，如：爸妈吵架、家人不睦、朋友纠纷、老师过度责罚、做错事被严惩而心情不佳等导致孩子的小心灵受到影响。尽量排除这些外在因素，让孩子可以在稳定的情绪中成长。

发现孩子的状况明显异于平常，反而别责骂。先用爱与关怀多陪伴孩子，让孩子的心理稳定，也许就可以获得改善。异常状况持续超过 1 个月，也请咨询专业的医师，适时给予孩子帮助，别让孩子孤独承受哦！

听听专家怎么说　　　　　　　　　　吴怡贤　临床心理专家

同样迷迷糊糊的孩子，遇到不同个性的父母，命运就会大不同。迷糊的孩子遇到严谨的父母，通常的结果就是挫折的孩子、劳累的父母、紧张的亲子关系、高压的家庭气氛；反之，迷糊父母通常可以笑看孩子

的迷糊，较容易看见孩子迷糊以外的正向特质，和谐的亲子关系及轻松的家庭气氛，让亲子有动力一起成长。

★严谨爸妈迷糊孩的双人舞

·第一步：深呼吸

当孩子出现迷糊行为时，脑中出现"又来了""找麻烦"等想法，建议可深吸一口气，同时也想"他知道要细心，这次忘了""他知道我会生气，也不想惹上麻烦"，有助于将焦点从挫折的情绪中转移到如何帮助孩子成长。

·第二步：踏出第一步

依据孩子的能力，一起讨论完成目标（例如，准备上课用品）、需要达成的步骤（例如，放学到家后→检查作业、明天课程→准备所需物品）及技巧（例如，制作每日课程及用具对照表），带着孩子"共舞"，初期可以带着孩子做几次，增加孩子的成功经验，再渐渐减少协助和提醒，鼓励孩子独力完成。

·第三步：调整舞步

带着孩子试行一段时间，看看会遇到什么困难（例如，忘记带作业回家），再一起讨论解决的办法（例如，制作"作业带了吗"小饰品，挂在书包拉链上）。

忘东忘西，不是孩子的专利。没有人可以面面俱到地记住每件事，所以，不要给孩子太大的压力，想想自己小时候是不是也常忘东忘西被责骂？自己是不是也不是故意的呢？将心比心，我们都是这样长大的。

三、做事分心

明明只需要做一件事，为什么第一件事没做完，却做了其他好多不相干、不重要的事？为什么鸡毛蒜皮的小事，都可以让宝贝分心？

怎么做才能提升专注力？

小陆妈妈甘苦谈

作业写了一小时，靠近一看竟然只写几个字，作业旁还摆了好几张刚画好的图画，摆明了是边写边画图！直到妈妈板起脸，孩子才赶紧快快写完。写完作业还没收书包，借口说"先刷完牙再收"，经过冰箱旁却又说要喝牛奶，喝完牛奶，又看到小鱼缸的水浊浊的，说要帮忙换，然后开始"摸鱼"，玩鱼缸里小石头的排列组合。一小时后，牙也没刷，鱼缸水也没换，桌上乱七八糟，书包还没收，什么正事都没做！你说，气不气人？

这就是我们家常上演的日常实况。整个晚上，都在各种分心的小状况中拖拖拉拉虚耗度过，原本可以早早上床睡觉，却因此拖延好多时间。妈妈想要放手让孩子自理，少当管家婆管东管西，但是好像事与愿违，非得要气呼呼地变身"虎妈"，孩子才能专心把该做的事完成，怎么会这样？

唉，不过，回头想想自己的童年，妈妈我又觉得我没有立场责备孩子了。说起分心，我可是专家。整个求学过程，我都以分心为乐！

咦，讲得一副骄傲的样子，这不值得骄傲好吗？

好啦，我感觉到各方射来责备的眼光，但是童年的我真的觉得专心听课、专心写作业好难哦！我只想专心在我有兴趣的事情上……

从小学以来，我就喜欢画画，除了课本画满大大小小的图案之外，还随身带着涂鸦本。上课时，我都把涂鸦本压在课本下，好像是认真抄笔记写作业，其实都在画图，画完后还会顺便帮图案配对白或顺便写篇短文，沉浸在自己的小世界里。

对于我喜欢的事——画画，写作，我可以投入几小时都不累，但是对于学习，怎么觉得才专心几分钟就好累了呢？

好在我的父母对于我疲弱的成绩其实抱着睁一只眼闭一只眼、以鼓励代替责罚的态度，对于我的分心不会太过责怪，反正考差了、失败了，我要自己面对后果，而做得好就多加鼓励。

正因如此，慢慢地形成我独特的人格：在面对重要时刻如大考试、比赛、上台报告时火力全开、专心认真，但平时保留一点空间让自己"分心"，兼顾兴趣发展。一路走来，虽然作业差强人意，但至少维持中级水平，还培养了不少第二专长呢！

这样的教育态度，确实不是"精英教育法"，很难让孩子在课业上成为顶尖优秀的那群，但是，却能给孩子更多的自我空间，养成更多自主判断的能力，靠自发的意志去约束自我，而非由父母紧盯。

孩子的教育方式多种多样，哪种好？哪种坏？没有绝对的答案。面对孩子分心，究竟该严肃处理、严格以对，或者任其恣意而为、自己承担后果？这还是要靠父母本身的耐心与智慧，陪孩子一起找到最适合的方法。

妈妈宝贝小剧场

★我们可以怎么帮助孩子

（一）营造一个适合专心的环境

分心，不只因为注意力不集中，另一方面实在因为身边有太多吸引孩子注意力的事物，所以，家长如果能帮忙把关，观察各种对感官的影响，如眼睛看得到、手摸得到的小物件，或耳朵听见的声音、鼻子闻到的气味……减少会害孩子分心的感官刺激，孩子的专注力也可提升。

（二）和孩子沟通讨论，让孩子想一想，什么是让他分心的原因

（当宝贝无法专心时……）

妈妈：宝贝，我发现你一直没办法把现在在做的事情完成……让我们一起来想一想，你分心的原因是什么？

宝贝：不知道。

妈妈：（耐心引导）你觉得桌上有没有什么东西是会让你一直看它、一直害你分心的呢？

宝贝：我觉得我的铅笔盒很好玩，我会一直想打开它的开关……

妈妈：我知道你很喜欢你的铅笔盒，但是为了让我们可以快点专心完成现阶段的事情，进入到下阶段，我们是不是可以先把铅笔盒放到妈妈身边，让我保管，等你专心把事情完成之后，再还给你？

宝贝：好吧。可是我看到妈妈在看电视会分心，还有我也想像爸爸一样玩手机。

妈妈：抱歉，那妈妈会关掉电视去做家事，不影响你，也请爸爸改成安静阅读，希望你能把握时间，等事情完成，我们再各自做想做的事，好吗？

（检查家长本身的行为是不是让孩子分心的元凶之一，排除了分心的障碍物，再设定"专心时间"。）

宝贝：好！

妈妈：你看桌上的时钟（或计时器），我们约定 10 分钟后，来看看能完成你多少，好吗？

（不愠不火地找出分心的导火线，约定专心的时间，让孩子有静下心来的动力与理由。）

宝贝：我忽然想到我的面包没吃完放在书包里，还有雨伞放在门外没有拿进来……

妈妈：没关系，我们先专心完成你现在在做的事，好吗？

宝贝：可是我怕我等一下忘记！

妈妈：那我们把现在让你分心的事，先写在笔记本上记录下来，等你完成现在的事情，我们再把其他事情完成，一样一样轮流来，好吗？

（找出让孩子安心的方法，帮助孩子不因为想到其他事还没做而分心。）

宝贝：好。

妈妈：那我们约定，先专心 10 分钟，如果没有专心 10 分钟就分心了，要重新计算，有完成专心任务，把事情做完，就可以得到一个乖宝宝章！计时，开始！

（用适当奖励，鼓励孩子。）

（三）陪孩子一起定下每日行事历（时刻表），让孩子自行规划时间的运用

想要真正专心，让孩子由内"自发性"去完成事情，当然好过家长、老师紧迫盯人。锻炼孩子由内在自愿专心，也许需要一些诱因，例如几点完成什么事之后，就可以做自己喜欢的事……此时，"每日计划表"就会是很棒的小工具！

每天孩子回到身边，第一件事就让他排定自己的计划表，几点要完成什么事？完成之后今天想要什么奖励？可以有多少自由时间？可以用笔记本、白纸，或现在很流行的涂鸦板，列出一张表，摆放在孩子的书桌前，让孩子有计划地完成今日待办事项。内容可以和孩子一起设计……

例如：

16:00~17:00	写作业，写完一样就吃点零食、自由时间
17:00~18:00	写第二样作业，提前写完可以看电视
18:00~19:00	吃晚餐
19:00~20:00	阅读两本书、做一样家事，完成后是自由时间（若作业没写完则补写作业）。
20:00~20:30	洗澡
20:30~21:00	练习才艺
21:00~21:30	刷牙，完成后是自由时间。
21:30	上床睡觉

和孩子一起定下规范，有助于孩子对事物优先级的掌握，建立统整的能力，提高自我约束力。

举手发问Q与A：

Q：我的孩子比起别的小孩，就是不如人！分心得很夸张！会不会是"注意力不足过动症"

A：有的孩子学得快，但忘得也快；有的孩子动作慢、学习慢、难以专注，但学会就可以记很久，不易忘。看起来分心，也许是因为他需要时间慢慢理解新事物，因材施教对孩子来说是很重要的，尽量别拿孩子跟别人比较，每个小孩都是父母独一无二的宝贝哦！

孩子分心很正常，家长不用过度担心，但是如果孩子的分心程度已经达到几乎无法专心做完任何一件事，无法完成作业、认真听讲，严重影响生活，那还是赶快找专业医生咨询，别让孩子孤军奋战哦！

听听专家怎么说　　　　　　吴怡贤　临床心理专家

孩子分心多种多样，不仅活泼好动的孩子会分心，安静乖巧的孩子也会分心。当我们需要专心从事兴致不高的事时，短暂的"小分心"（例如，放空、冥想、做杂事），就像进入一个自己的"小宇宙"，除了可以暂时逃开"无聊"，也可以帮助我们储存重新面对挑战的能量。当孩子经常在自己的小宇宙漫游到无法离开时，父母就可适时伸出援手了。

★漫游儿拯救行动：

·舱门警示铃（专注训练）

要让孩子持续专注在不感兴趣的活动中，就像要求孩子待在无聊的太空舱里看着枯燥的数据，孩子可能会在太空舱里游走，"不知不觉地"打开舱门，然后就漂浮在宇宙中了。因此好办法就是，设置"舱门开启警示铃"，可先观察孩子注意力持续度的时间（例如 10 分钟），在孩子即将分心时，给予口语提醒，若父母无法陪伴在旁，也可设定提醒铃（叮一声即可），有助于提醒孩子重新专注。

·避开宇宙黑洞（简单环境）

当孩子在进行无趣的作业时，环境中有趣的事物（例如，窗边风景、电视声、玩具、小摆饰）就像是宇宙黑洞，拥有强大的吸引力，难以逃开。因此尽量减少环境中有趣的事物，有助于营造专注的环境。

·舱外活动时光（分段学习）

短暂的舱外活动时光，有助于孩子重新投入舱内活动。依据作业、活动的困难度，将内容分段进行，例如专注 15 分钟作业后，起来活动 5 分钟，再渐渐拉长专注持续的时间。

很多时候，孩子的分心其实是一种警讯。睡眠不足、学习时间太长，都可能是造成孩子注意力不集中的原因。所以家长要将心比心，多鼓励、夸奖孩子认真的态度，当宝贝累到无法专注时，给个大大的拥抱，会比给责骂或压力来得更好哦！

四、什么都不想，只要 3C

现代家庭最大的危机，就是无所不在的"3C"！

被智能型手机、平板电脑制约的生活，是否已经让自己与孩子忘记如何用眼睛观察世界的美好？

快放下手机，找回真实的人生吧！

小陆妈妈甘苦谈

孩子刚出生后一两年，遇上发明平板电脑与智能手机的时代。那时候，还不清楚蓝光对视力的危害，所以我们一度还下载了不少益智游戏，如"宝宝巴士"或者是画画、算术等 App，来让孩子们玩。当然，视频网站上的幼教影片也成为爸妈的好帮手！

但很快就发现"iPad 教养法"对孩子的伤害太大，赶紧戒除。

还记得戒除的时间大约落在大女儿3岁初，小女儿近2岁的年纪；大女儿一向配合，只需要提供实体玩具就能转移注意力，但是小女儿则完全进入"3C"成瘾强制勒戒的"戒断症候群"。年仅2岁的小娃娃成天在家哭喊"我要玩iPad"，配上拉扯自己的头发、撞墙壁之类的疯狂状态，实在令我们好气又好笑。

经过一段过渡期，花了很多力气重新陪伴、和孩子相处，总算孩子彻底断绝对平板的依赖，连带的我们家也停掉了一般电视，没让孩子接触电脑，希望减少家人的"3C中毒"。

但是，没有了"3C"，孩子当然会觉得无聊，也因此，我会帮孩子准备很多的手工艺书籍，像折纸书、色铅笔教学、简单的手作缝纫，让孩子照着制作。当然，要庆幸一下自己的两个女儿还蛮能静心做手作。如果孩子的性格比较活泼外向，家长可能就要开发许多户外活动来消磨孩子的精力了。

无可讳言，"iPad教养法"真的很轻松！

还记得那段孩子依赖iPad的日子，几乎是开关一打开，两个小家伙就乖乖坐下盯着荧幕看，妈妈好像赚到很多自己的时间，但后来想想，其实失去的远比得到的多。

孩子的成长只有一次，怎么能用机器取代父母的关心？而且，很多专家指出，如果孩子习惯快速变换的声光环境，大脑就只想接受强度高的外界刺激，像阅读、上课等平静的动作，已无法引起孩子的兴趣，久而久之孩子会觉得静态事物"很无聊"，对于未来人生的学习态度与专注力都会造成极大的负面影响。

所幸我们家里的这对小姐妹，在妈妈采用了好方法之后，现在已经完全不需要"3C"咯！

妈妈宝贝小剧场

★以陪伴取代"3C"，让孩子清楚理解蓝光对眼睛不可逆的伤害

宝贝：妈妈，我想玩平板。

妈妈：宝贝，平板对你的眼睛伤害非常大！我们只有一双眼睛，要好好保护！

宝贝：为什么会伤害眼睛？

妈妈：手机或者平板的荧幕，为了变出鲜艳的颜色，要射出很亮很刺眼的光芒，这种光芒很危险，是"恐怖蓝光"！恐怖蓝光会直接射到眼球深处的"视网膜中心"，在你不知不觉的时候，慢慢地把眼睛底下的黄斑部烧焦、烧坏，容易引发白内障或失明，眼睛会再也看不见！

（可以进一步解释白内障是什么、蓝光造成失明的方式，让孩子真正感到危机。）

宝贝：真的吗？

妈妈：当然是真的！新闻都报道了！更恐怖的是，现在还没有任何医生可以治好黄斑部被"恐怖蓝光"烧坏造成的失明！也就是说，如果因为看手机或平板太久而眼睛坏掉，就再也看不见了！尤其是你的眼睛还没完全长大，比大人的眼睛更容易受伤！

（用戏剧性的语调与表演、真实的知识，认真解释"3C"用品对眼睛的伤害，让孩子知道被禁止的理由，而非只是"不准玩"。虽然这像在恐吓孩子，但却百分之百真实，黄斑部病变是不可被忽视的现代文明病！）

宝贝：可是不能玩游戏好无聊。

妈妈：不会啊，我们可以堆积木、拼拼图、去公园玩、去打球，然后陪妈妈去逛超市，你可以帮我挑选晚餐的食材，也可以帮忙煎蛋、炒菜、摆碗筷，等你吃饱饭、洗完澡后，如果有时间，还能用大电视看半小时动画片，你说好不好？

宝贝：好！那我可以挑我喜欢看的动画片吗？

妈妈：可以！你看，我们有好多事情可以做，赶快开始吧！

（用真实的互动，取代"3C"教养法。如果无法一下戒除声光的刺激，看电视也比看手机、平板荧幕好很多。）

让孩子知道"3C"产品对眼睛的伤害，比单纯只是说"不行"有用得多。可以随着孩子不同的年纪，以其听得懂的方式认真对他解释。最怕的是父母不愿意花时间和孩子互动，否则比起"3C"，亲情当然更温暖！

★面对大一点的孩子，"有规范"的玩比"不准玩"更好

幼儿的服从性较高，比起"3C"，幼儿更喜欢父母，较容易被转移注意力。但是，面对大一点的小学甚至中学以上年纪的孩子，就没有这么好打发了。若父母只是一味地禁止，孩子会觉得不服气，甚至想与父母对抗，反而可能引起亲子的冲突。

我曾听过别人的亲身经历，家中强烈禁止中学年纪的孩子玩电脑游戏，于是孩子趁补习时间逃学流连网吧，最后甚至有家不归。所以，"禁止"不一定是最好的方法，有条件的"规范"使用，也许能让孩子更努力完成课业、积极争取游戏时间哦！

也许可以约定使用"3C"的时间（如周末），规定哪些事做完可以换取使用"3C"产品的时数，提早完成作业，多出来的时间可以玩游戏，让孩子不被"3C"牵绊，也让"3C"产品成为孩子的奖励与动力。

★说再多都没用！以身作则最重要

一边要孩子不准用"3C"，一边玩手机的家长，你一定见过！（嘘，我不会说出我们大部分人都是这样。）

在这个极度倚赖手机与通讯软件的时代，"3C"与工作几乎密不可分，要大人戒除"3C"是不可能任务，每次孩子责备我："为什么又在玩手机！"我只好嗫嚅地回："是工作信息……"，孩子问："为什么整天对着电脑？"我当然也要回："我在工作啊！"（其实也有很多时候是在玩……）但是，至少在亲子共处的时间，我绝对会放下手机！

在餐厅的座位上，一家四口围坐，爸妈在玩手机，孩子在看 iPad，全家完全没有互动，也没有关心彼此……这样的情景，相信大家一定看过。

不过，小陆妈妈要说，这在我们家是绝对不允许发生的哦！吃饭时间是全家难得相处的时光，绝对不该让"3C"占据。每晚睡前，也是聊天谈心的好时光，当然也要把手机丢一边去。

除此之外，回到家尽量少用手机，多陪孩子聊聊，一起阅读、吃点心、做家事……只要不是对着"3C"都好。假日多带孩子出外走走，就算无法出远门，只是骑脚踏车、去公园玩、去附近散步都好，养成孩子"用眼睛看世界"的习惯，避免成为透过荧幕认识外界的"宅童"。

举手发问 Q 与 A：

Q：如果身边亲友喜欢用"3C"用品来陪伴自己的孩子，该怎么劝阻呢

A：现代人大多知道"3C"过度使用的问题，如果能理解彼此的教育理念，大多会尽量减少儿童使用"3C"的时间。在台湾，有限制儿童

使用电子产品的时间，违者会受到处罚。

希望家长能更有规范地留心孩子使用"3C"产品，大家一起用爱陪伴孩子成长，别把责任丢给"3C"哦！

听听专家怎么说 　　　　　　　　　　　　吴怡贤　临床心理专家

要拿走小孩的"3C"产品，父母的焦虑度可能还高过孩子，一方面会担忧孩子的情绪反应，另一方面也意味着更少的个人时光及更多的教养难题。要让孩子与钟爱的"3C"产品"和平分手"，循序渐进是不二法门。

★帮助孩子与"3C"产品分手快乐

·阶段一　寻找新欢

观察自己与孩子在哪些时光，特别需要"3C"产品的陪伴，例如，在家无聊、外出吃饭、假日外出，评估可取代"3C"产品的活动，像培养家庭共同兴趣（例如，看书、画画、运动），或是孩子的兴趣（例如，拼图、积木）。

·阶段二　习惯它不在

安排固定时间从事家庭活动，鼓励孩子从事感兴趣的活动。当孩子花较多时间从事兴趣活动，就表示花较少的时间使用"3C"产品。若孩子几乎每天都要使用"3C"产品，建议不要断然禁止使用"3C"产品，可先从减少使用时间，再循序渐进减少使用天数，用适当的活动取代原本的使用时光（例如，带出门玩、一起动手做菜），让孩子体验除了"3C"产品，其他活动也充满乐趣。

·阶段三　笑着再见

再大一点的孩子，"3C"产品的使用与孩子们的文化有关（例如，游戏话题、社交行为），当孩子有信心控制及遵守使用"3C"产品的时间与内容时，不排斥让孩子与"3C"产品有定期的相聚时光，有助于帮助孩子养成正向的使用习惯。

放下手机，才能真的看见世界！"3C"时代，眼睛受蓝光过度刺激导致病变的案例正不停激增，减少使用"3C"，不但能保护孩子，也能帮助家长本身眼睛与大脑的放松。

Part 2

暖心篇

暖心篇

辛苦工作的时候……

妈妈辛苦了!

想到孩子可爱的模样,
又有继续下去的力量!

忙于家务的时候……

孩子给予自己愿意付出的动力！

小陆妈妈暖心话

什么？孩子的调皮花招这么多？！

前面篇章提到的这些失控行为，有小孩的家长们一定能感同身受，还没有小孩的人可能会捏一把冷汗，开始迟疑自己是不是该跳进这个"陷阱"里……

到底陪伴孩子成长的过程，是不是真的很辛苦？值得吗？

小陆妈妈现在可以很认真、很诚恳、很大声地说：超级值得！

孩子，是我这辈子最棒的礼物！

养育孩子的道路上，确实很辛苦，但是孩子给予家长的快乐，绝对远远超过辛苦。

孩子的笑脸，有神奇的魔力，能够为忙碌的生活增加满满的动力，无论再累、再不开心，只要孩子一声软软暖暖的呼唤，就足以抚平所有的疲惫。

有了孩子，生命像是找到一条稳定而清楚的道路，让原本跌跌撞撞的身心有了更踏实向前走的目标，也有更多勇气、毅力去面对生活的挑战与不完美。

孩子，是世界上最无条件爱着父母的生命。

而孩子，也是上天赐予、独一无二、无法复制的珍贵赠礼。

虽然在陪伴成长的过程难免让人皱眉摇头，甚至落下辛酸的泪水，但当孩子做出窝心行为，让家长露出欢喜微笑的时刻，那阵心头的甜，足以让人回味无穷、咀嚼再三。

这就是人生的"醍醐味"，不是吗？

暖心宝贝养成计划

偶尔出现的小贴心，
是生活中最美的调味品。

我把家里打扫干净了！

我把书桌都收整齐了！

虽然偶尔还是会帮倒忙……

只有书桌干净……

是打扫了，但没有收尾……

当妈妈火大的时候……

解铃还须系铃人，
孩子的一句"对不起"，一句"我爱你"，甚至只是
叫一声"妈妈"，
就能浇熄内心熊熊烧燃的火焰。

我们家的调皮小姐妹，虽然常常惹得我"火山爆发"，但是也常常做出暖心的小举动，让我瞬间感动融化。

有时候会听到朋友羡慕地说："真好，你家的宝贝好贴心哦！"

其实，孩子的浪漫贴心，是可以"后天养成"的。

我自己本身虽不算一个浪漫的人，但为了讨孩子的欢心，得到她们毫无保留的快乐笑容，我总是会花一点点心思，在适当的时机给予孩子一些小小的惊喜。也许是一颗巧克力，一个迷你小蛋糕，一份小小的实用礼物，或只是一张手绘的卡片，却足够换取孩子开心的笑。这些礼物不名贵，甚至不需花钱，但却能让孩子感受到被重视的幸福，从而慢慢培养自己愿意给予、愿意为生活创造小甜蜜的心意。

现代人孩子生得少，每个孩子都是宝，所以太习惯用物质填满孩子的需求，比起物质，我反而重视精神陪伴。

我们家的宝贝从不用名牌商品，少买玩具，穿二手衣、看二手书，买东西前一定会精打细算比价一番。看似节约的日常，遇到特殊的节日，却会有所期待，我们也不会敷衍以对，举凡生日、重要节日、圣诞节甚至情人节……我们会尽可能让孩子感受到我们对她们的重视，与孩子共度。

共度，不代表要吃大餐、送大礼，而是一份紧密相依的温暖——"我们是一家人，要一起分享过节的喜悦哦！"

不用订名贵的餐厅，只要在家一起动手做料理，点起一支蜡烛享受烛光晚餐就很幸福；或许可以约上三五好友或亲人一起准备一道菜，聊聊开心的事，让孩子从生活中感受到人与人间愉悦的联结，了解适当的用心可以增添生活的趣味，他们也会愿意花心思加强人际关系的互动，累积美好的正能量。

我喜欢用朴实的态度体会这个世界平凡却值得珍惜的时刻……

亲子间的互动，不该用钱堆积，重要的是用心对待。只要有心，生活就会很有质感，家庭的感情也会在彼此共同经营努力下，愈来愈有温度。

如何养成一个暖心的天使宝贝

★以身作则，留意孩子的感受，不要吝啬说爱

常常关心孩子，不要吝啬对孩子说"我爱你""看到你好开心""有你真好"……这类充满正能量的话语，多让孩子感受到家长的爱，多以实际言语、行动说爱，孩子自然愿意释出自己的情感，表达对家长的爱与关怀。

★适当提醒，喜欢别人怎么对你，也别忘了多给别人一些

当孩子感受到来自亲人或外人的关怀会让人觉得开心时，也提醒孩子可以这样对待别人让别人开心。建立关怀同理心，让人与人之间的相处更融洽。

★对话的艺术——切忌"批评式语法"

常有人说："我很关心家人啊，但他们不领情。"

请检查自我：是不是不当的关心，反而变成啰唆或批评？

同一件事，说法不同，感觉大不同：

√关心说法：

"你的东西带了没？没有吗？赶快去拿吧！"

× 啰唆说法

"你的东西带了没？没有吗？你看你就是这么健忘，忘东忘西，如果我没有提醒你，你什么都会忘光光，这样下去怎么办？赶快去拿！"

你喜欢哪种说法呢？

同一件事，不同说法却会传递"正""负"两种不同的能量。

传统的教育法常常会在说话的口气中带着负能量，举例来说：

✓关心的问候

"会冷吗？要加件外套吗？"

× 批评式语法

"穿这么少你是要感冒的！不会看天气穿衣服？当作自己抵抗力很好是不是？到时候生病你就知道！"

✓肯定的夸奖

"哇！这件事你做得真好！"

× 批评式语法

"看不出来还蛮厉害的嘛。专心读书不会，弄这些有的没的倒是很会！如果读书这么认真就好了。我看你做什么都三分钟热度，今天做得好，会不会明天又不做了？"

✓表达感谢的方法

"真的很谢谢你！"

× 批评式语法

"哎哟干吗帮我做这些，不用啦，我不需要，别这么麻烦，顾好你自己就好了……"

这类带着批评、否定意味的对话，常常从长辈的口中听到，偶尔也会从观念比较传统的一般人口中脱口而出，我总会觉得："奇怪，不能直接讲事情的重点就好吗？为何要将短短一句关心延续成一长串啰嗦？""好好地说，不要语带讽刺，有这么难吗？"

会使用批评式语法的人，大多是长久的积习，因为自己一路都是被"批评式语法"养大，也习惯如此对人。所以身为家长的我们，一定要检视自己，养成说话的艺术，多从言语中传递"正能量"！

★多鼓励，多陪伴，少责骂、少无理的袒护

要养成暖心的孩子，当然要给予温暖的教养方式。多鼓励、多陪伴，但"鼓励"可不等于"盲目的赞美"或"无理的袒护"哦！

• 什么是盲目的赞美

当孩子做了值得夸奖的事，盲目的赞美就是只用"你好棒！""你超强！""太厉害了！"这类"没有原因"的夸奖，来让孩子满足。

如果能改口说："你靠自己的力量完成了这件事，你好棒！""你跌倒时没有哭，很勇敢地站起来，你超棒！""你的作业在半小时内就写完，而且写得很漂亮，实在太厉害了！"让孩子知道他为什么被赞美，这才能成为鼓励他进步的动力。

• 把盲目的赞美改为"有原因的鼓励"

你哪些地方做得好？我为什么要夸奖你？

夸奖前先说出原因，会让孩子更清楚知道自己做了什么事让人开心，可以建立目标、设定行为方向，培养待人处事更完善的逻辑。

• 什么是无理的袒护

孩子会犯错，犯错很正常，但是很多家长为了取悦孩子，常常以"他还小、他不懂"来袒护孩子的过错。久而久之孩子会开始觉得一切都理所当然，犯错不是自己的问题，因而不能接受错误被指责，长期下来就

会养成"玻璃心"——被骂就哭、无法坚强承认，以及"自我中心"——我永远是对的，不是我的错、不关我的事，都是×××害的。

· **用正确的方式陪伴孩子成长**

我想，父母一定知道习惯养成就很难改的道理，一味宠溺对孩子的未来会造成不良影响，所以，就从自身的教养方式，带给孩子正确的观念吧！

★**想到孩子"做到的"，而不是"没做的"**

如果孩子疏忽了什么，在批评、责备之前，多给孩子一句提醒或引导，让孩子靠自己的力量改变。多看见孩子的优点，多发现孩子在生活中贴心的小举动并给予正向鼓励，用父母不着痕迹的体贴、提示，提升孩子的判断力，让孩子愈来愈有自信。

总之，要让孩子成为一个温暖的人，一定要耐心引导孩子思考、明辨是非。

孩子愈能体会什么行为"对"、什么行为"错"、什么行为让人不舒服，愈能帮自己找到待人处事圆融且正确的路径。

父母从最前线的亲子教育开始，以耐心、爱心养成一个暖心的宝贝，当我们年华老去，孩子也会用我们给予的方式，带给父母生命中难以数计的温暖喜乐。

最简单的幸福，
其实就是孩子奔向自己的那一刻。
一声甜甜的呼唤，
足以磨平所有的疲惫……

写在最后，给辛苦的爸妈

生儿育女，成家立业，养家糊口，为人父母真的很辛苦。

如何在柴米油盐的家庭压力中找到快乐的方法？

★对自己宽容，最需要感谢的是自己

孩子犯错不是家长的错！生活中不小心出错请别苛责自己！

父母虽然万能，却万万不能把自己逼得太紧，愈紧绷的关系就愈容
易断裂，遇到不如意不顺心的事，别一味自责、把责任往身上揽，我们

都已经够努力了!

如果没有我们，怎么会有这个家?

多给自己宽容与肯定!

★善待自己，建立兴趣，不要让家庭成为自己的唯一，身心平衡发展

如果整天面对着家中琐事，心情怎么可能美丽?

视野再大，只对着家里看，都会愈来愈狭窄。

整天闷在家里和孩子大眼瞪小眼，对家长与孩子都不是好现象，孩子刚出生的前几年，主要照顾者（尤其是妈妈）很难有自己的时间，但随着孩子渐渐长大，家长可以重新思考自己真正的需求，想回到职场?想每周利用某些时段走出家庭充电一下再回来?

好好跟孩子与另一半讨论，然后帮自己选择。毕竟，每个人都是独立的个体，找到生活的趣味，身心才能有长久的健康与快乐。

★不要把理想定得太高，少说、少管一些，多给自己与家人空间

母性使然，母亲很容易"搞烦"，可是，愈多的看不惯，就会造成家人间愈多的摩擦，例如，做什么都错、做什么都要被说……愈多的提醒，就会养成愈被动的小孩，例如，反正妈妈都会说，我不须动脑，听妈妈说就好……而且，妈妈本身也会因此既烦恼又生气。

有个理论说："懒妈妈养出勤劳小孩。"有时候，干脆睁一只眼闭一只眼，眼不见为净，不只自己可以轻松点，家人也会更自动自发哦!

★我不是 XX 的妈妈（爸爸），我是我自己

记得有一次，我自我介绍"我是小陆妈妈"，一个新朋友问："你的孩子名叫小陆？"我说："不，是我叫小陆。"那个朋友回以惊讶的眼神，语带羡慕地说，现在人家都叫她"谁谁谁的妈妈"，都没有人记得她叫什么名字了。

这句话让我开始思考，真的如此！自从生了小孩后，学校、同学家长间都是以"孩子的名字后面加个妈"来称呼家长，久而久之，妈妈好像就附属在孩子之后，必须跟孩子连在一起。

生活上也许是如此，但是心灵上……

亲爱的，请不要忘记自己。

还记得单身时代的自己吗？

那个快乐、有自信的自己，还在吗？

当时的自己，喜欢听音乐？逛街？看电影？唱歌跳舞还是旅行尝美食？

为了孩子，家长常常需要忽略自己的喜好，久而久之，甚至放弃原本的自己。但是，孩子会长大，总有一天会独立高飞，我们终究还是要回到自己的生活之中。

我是我自己。

很多父母，等到孩子独立时，反而舍不得放手，不是不愿意，而是……已忘记如何为自己而活。

"我是我自己"，帮自己找回自己的名字、自己的生活态度吧！你会发现，心中最美的那个自己，一直还在。

尾声

养育孩子的过程，像一场未知的闯关冒险。

任谁都无法预料孩子会用什么新招术对你，该如何接招？会不会被击倒？

也无法预料，什么时候孩子会开口叫爸爸妈妈，什么时候孩子会对你露出甜笑、给你一个大大拥抱……

这是生命中最美的时光，疲惫却快乐，纷扰却甜蜜。

让我们与孩子携手优雅共舞吧！旋转、跳跃、用爱陪伴，舞出人生最美的乐章。

幸福，就是一家人牵着手，在一起。